美丽中国·江南古镇

湖山佳处足徜徉

王卫平　魏向东　主编　　　杨宗兴　著

同里

中国林业出版社

装帧设计：曹　来

图书在版编目（CIP）数据

湖山佳处足徜徉——同里 / 杨宗兴著. ——
北京：中国林业出版社，2013.5
（美丽中国·江南古镇 / 王卫平，魏向东主
编.）
ISBN 978-7-5038-7020-0

Ⅰ.①湖… Ⅱ.①杨… Ⅲ.①乡镇-介绍-
吴江市 Ⅳ.①K925.35

中国版本图书馆CIP数据核字(2013)第069359号

出版发行：中国林业出版社 （100009
北京西城区刘海胡同7号）
E-mail ：cfphz@public.bta.net.cn
印　　刷：北京高迪印刷有限公司
版　　次：2013年5月第2版
印　　次：2013年5月第1次
开　　本：787mm×1092mm　1/20
印　　张：8.2
字　　数：160千字
定　　价：29.80元

传统中国是一个小农社会，小农的基本生活空间是怎样的？许多学者从不同的角度进行了刻画。美国的中国问题专家费正清在《美国与中国》一书中，把这一空间命名为"集市社会"，它有如一个蜂窝，每一个蜂窝以一个市镇为中心，由此向四方伸展出一些小路（有时是水路），通向周边的一二十个村子；村落无法构成一个自给自足的生活单元：

> 每户也许有一人每三天去一趟市镇，也许去出售一些土产或者购买别处的一点产品，但无论如何总得在茶馆里、庙宇里或路上会会朋友。……婚姻通常是由镇上的媒人撮合的。人们在镇上庆贺节日，秘密团体也可能在那里举行分会的会议，从村里来的人还在那里会见统治阶级的代表人物——收租帐房和税吏。

现实的场景远比这复杂，但透过这一"理想类型"不难发现，乡土中国的自然经济结构并不能完全自给自足，它必须以商品经济为之枢纽和润滑，这样，小农的实际生活其实是置身在一个市场共同体之中。作为共同体中心的市镇便成为富有社区特色的民间文化展现的第一块滩头。明清以降，在商品经济发达的江南地区，一大批专业性市镇蓬勃而生,成为近世中国社会走向现代世界的充满活力的历史生长点,其间的文化样式亦自成一格。

在沈从文先生的笔下,湘西的山镇依山濒水,临水的一面是河街,居家多是一半着陆、一半在水的吊脚楼;而吴冠中先生从小生活过的小镇则滋润在青绿苍翠的江南沃野中,"镇与乡之间难划明确的界线。镇的尽头,已是船坞、独木桥、菜畦,极目四顾,处处都是丛丛新柳掩映着的江南村落"(《水乡四镇》);广东的地主出于安全的考虑不肯轻易移居墟市,始终坚持"在乡地主"的立场;而江南的地主却很早就由乡居转化成镇居,成为市镇居民,享受着近代文明的成果。川西某镇的茶馆里,赌客们玩着纸牌的时候,苏南盛泽的茶馆里也许刚刚成交了一桩丝绸买卖。在内地僻远某镇里,某人要到省城一趟,可能会被镇上人当作一件大事,议论许多天;而在江南城郊、镇市上的人大半从事商业,进取一点的则把生意做到了苏嘉杭沪的城里,其中一部分人成为经常出没于共同体与外部世界的乡村领袖。节令佳日,贵州乡场上跳着神秘的傩舞,华北集市上扭着秧歌;而在江南的市镇上,此时或许正演奏着温雅的赞神祭歌。茅盾先生曾组织过"中国的一日"的调查:1936年5月21日,农历四月二十一,是安徽天长人"烧忙香"的日子,城厢镇的街道上,"满挤着人,踵接踵,肩碰肩,提着腰篮子,穿着蓝布裤子的,带着油瓶、卷上裤子的泥腿儿,光着脚穿草鞋的,扎黑蓝布的包头,围着红带子的围裙,穿着古式有鞋叶拔的鞋子,还有一些拖着满清时代的大辫子";而在江苏太仓的璜泾镇,这一天则在迎赛猛将神,"猛将庙外面挤满了不少游客和小买卖的商人,玩戏法的江湖佬,菩萨摆在庙门前、香案上,有四面斩旗上写着斩犯某某字样。……坐着的老太一共有三十多桌，每桌八位，同时三百多张嘴，一起念着南无阿弥陀佛。"同一天，在东西两个不同的市镇上演的社群活剧何其相似，又别具风情。

为此，我们聚焦乡土江南，精心绘制独具特色的市镇文化长卷。应该说，对于江南市镇，人们并不陌生，据一位市镇史研究学者的不完全统计，1980～1999年间，国内学者发表的市镇史论文近700篇，区域市镇史研究论文为500余篇，其中江南占了近一半（任放《明清长江中游市镇经济研究》，武汉大学出版社，2003年）。但略加检点可以发现，以文化为主题，或者从文化的视角契入市镇社群生活之作并不多；特别是，那里充满着的浓厚的学究气息，令一般读者望而却步。参与本丛书撰写的主编和作者还够不上学究的资格，因此我们着意将深奥的学理融化在浅显的文理之中，以生动的文法演绎迷离的生活法则，用直观的图片激活僵硬的文字，总之，尽可能地还原文化存在的本来状态。当然，我们的初衷未必能完全实现。

江南名镇太多，首先进入我们视野的是周庄、同里、东山、角直、盛泽、南浔、西塘、乌镇这8个市镇。选择哪些市镇作为考察对象，实在是一件令人为难的事，我们的选择可能会有遗珠之憾，但这8个市镇堪称历史文化名镇，大概不会有什么争议，对她们的考察是我们义不容辞的责任。

于是，我们开始了江南文化之旅，古镇是我们抵达的第一个驿站。

王卫平　赵向东

目 录

千年古镇

这部书的主角——同里，是一座著名的水乡古镇。随着其内涵不断被发掘，她的声名超越国界，引起世界各地人们的极大兴趣，每年吸引了成千上万的旅游者前来游览。但同里丰富的内涵和深厚的文化底蕴，很难让人们在短时间内认识和理解她。这本书中展示的同里方方面面，目的就是帮助大家来了解同里。不管您是否游览过同里，您都可以踏着我们的节拍从这里走进同里，解读同里。

当我们走进同里的时候，首先敲开的是其尘封已久的大门——同里最初在历史踪迹。与大多数江南古镇相似，同里的过去如同其身边流淌的吴淞江一样，默默地延续了几千年。

走出九里湖

在同里的西北有一座约10平方千米的九里湖，湖水在微风的吹拂下不断地拍打着湖边浅滩，似乎在展示着同里先民们辉煌的历史。从1973年到1980年，这里共出土有石刀、石斧、耘田器、石网坠等石器12件，陶罐、陶豆、陶釜、陶鼎等陶器34件及纺轮等其他遗物，它们属于新石器时代的文化遗存，属于在苏南浙北地区广泛分布的"崧泽文化"和"良渚文化"，距今已有五六千年的历史。从九里湖畔的新石器文化遗存和同时代的其他遗址可以得知：这里的原始居民已有了一定规模的农业，并以捕捞水生动植物作为生活的必要补充，初步奠定了同里"鱼米之乡"的基础。不过生活在这里的人们非常困苦，与四周隔绝的环境使他们每前进一步都需要付出加倍的努力。

同里遗址

2003年底,同里先民的足迹再一次清晰地展现在我们面前。12月12日,位于同里镇北部的同里中学教学楼建筑工地上,发现了大量陶片,从事文明传播的学校立即读懂了远古同里人传递的信息,迅速向上汇报。3天后,由8人组成的苏州市博物馆考古队开进现场。经过5个多月的抢救性发掘,遗址的考古工作取得了重大成果,它是同里远古文化的重大发现:一是出土了数量众多的珍贵文物,其中包括陶器、玉器、石器在内的部分文物将被定为国家一级文物;二是在遗址下面有一崧泽文化时期的大型墓葬群,具有极高的考古价值;三是证明了早在春秋战国时期,同里就是人群聚居之地①。

这次发掘的44座墓葬和一处以大片红烧土面为标志的祭台,属于距今5500年的崧泽

---

① 吴菁：《崧泽文化大型墓葬群现世》，《苏州日报》2004年1月21日。

文化。这批墓葬呈东西向排列成4行，头向朝南，以随葬品的数量来确定墓葬与祭台的关系：随葬品多的紧挨着祭台，而远离祭台的墓中随葬品则少。其中的44号墓墓穴长2.7米，随葬品多达27件，显示了墓主人特殊的身份。经测定，该墓主人为一老年女性，她的尊贵地位说明当时还处在母系氏族公社时期。墓葬中的随葬品以日常生活用品为主，少数墓伴有玉镯、玉管等精细玉器，反映了原始共产主义掩盖下的身份差异。大片有规则的红烧土分布，被专家认为是古人用来举行宗教仪式的场所，称为祭坛。祭坛建造得非常考究，五个面被红烧土包裹，下面用红烧土铺地，高约1.5米，目前的发掘还没有找到祭坛的边缘，可见其有相当大的规模。

44号墓穴

遗址中出土的陶器具有典型的崧泽文化内涵，器形有盆、罐、钵、豆、壶、釜等，极具阴柔之美，也不乏精美之作。其中的豆为上盘下圈足结构，用来盛装食物，其圈足上刻有稻穗，并间以菱形镂空花纹，组成了栩栩如生的图案；直径达45厘米的大陶鼎是崧泽文化迄今为止发现的最大陶器，这件用来烧煮的饮器在重见天日时就有了非同寻常的意义；而一泥质灰陶壶则体现了同里先民的过人智慧：精心淘洗过的陶土制成的泥胎纯净无暇，上圆下方的造型独特新颖，棱角分明而又线条流畅，外翘的四足给人以稳重坚实的感觉，这件陶壶的出现将会成为崧泽文化的代表性器物广为流传；更为珍贵的是在一只灰陶罐的上腹部，刻有一圈"巫"字符，比此前在"良渚文化"中已发现的"巫"字符要早500多年[1]。各式各样的精美酒器反映了当时祭祀仪式的豪华和隆重，上面的"巫"

---

① 倪晓英：《考古新发现：文明社会孕育于5500年前》，《苏州日报》2004年6月5日。

字、祭坛给了我们一个清楚的信号——同里的先民正在跨进文明的门槛。

玉器是同里遗址的另一个亮点。这里出土的玉器有24件,是崧泽文化遗址中出土玉器最多的;而长达13厘米的玉璜则是其中最大的玉器。玉器是良渚文化的时代特征,也是江南远古文化的骄傲,同里的玉器正开启着一个充满激情的新时代。

经过专家们的探测和研究可知,同里遗址的总面积约32万平方米,与明清时期的同里古镇呈重叠分布,除崧泽文化遗存外,上面还有春秋、汉、宋、明、清的文化堆积。

"巫"字符罐

同里人正计划以这次发掘的文物为主,建立一座博物馆,继续扩大他们在历史文化方面的优势。

唐宋余韵

在距今4000年前后,由于全球变暖,世界处在洪水期,西方的"诺亚方舟"和中国的"大禹治水"都反映了洪水烙在人类历史上深刻的印记。地处水乡泽国的同里先民只能离乡远投,历史在这里留下了空白。

洪水之后,同里的历史又继续在九里湖边延伸,几何形印纹陶和黑皮陶续写着九里湖边的古老故事。在新石器文化的分布区域内,人们找到了相当数量的印纹陶和黑皮陶。我们虽然不能说这些遗物的主人就是新石器时代先民的直系后裔,但它们表明了同里又重新回到了她的历史轨道上。从这些属于先秦时期的遗物中,我们仿佛看到了同里先民辛勤劳作的身影,看到了岁月在这里不断地流逝,以及文明在这里的累加。

在遗物中唱主角的是原始瓷的瓷片。原始瓷是用高岭土烧制而成,但温度偏低,还有一定的吸水性,是瓷器的前身。原始瓷出现于商周之际，我国的长江流域和黄河流域有广泛的分布。而我国瓷器出现的时间是东汉，技术相对成熟的瓷器制造工艺将原始瓷锁进了历史。九里湖边的原始青瓷片也把同里的历史叙述到秦汉之后，当年同里的主人与太湖周围的人们迈着相同的步伐前进。

　　九里湖边的遗存能留给我们的只有这些，但同里的后人对此显然不满足。王稼冬先生对同里过去的追寻颇有成效。他从嘉庆《同里志》和乾隆《吴江县志》中找到多条材料，说明同里建镇时仍在九里湖边的九里村①。嘉庆《同里志·沿革》载："同里去县治十里，唐宋时镇在二十六都九里村，元明时渐移至南，在今二十七都"。同书"古迹"中也说："九里村，在九里湖滨，唐宋时成为闹市，桥梁寺观，砖街石岸，遗址尚存"。同时，该书还多次提到九里村边的同里名寺法喜寺。对照这些资料，王老先生又进行实地考察，找到了距法喜寺山门60米一座石桥的石栏上有唐代题名，并发现题名石栏与该桥九条武康石桥柱分化程度相差较大，桥柱严重风化呈蜂窝状，而题名石栏基本上没有剥蚀，进而推断该桥至少建于南朝

大陶鼎

甚至更早。王老先生早在1936年就多次访问九里村的老人，老人们告诉他，在他们的祖辈时（约1810年前后）九里湖边还能看到石街、石桥、石驳岸，街上和桥上存有人工挖凿出来、便于车轮行走的凹槽。这些说明，直到19世纪，在九里湖边还能感受到同里镇迁址前的繁荣景象。

　　通过王老先生等人的努力，同里连续的历史可以上溯到南北朝时期，有1500年以上。

----

　　① 《同里九里湖新石器时代遗址的考证》，《同里故土文化杂说》，同里旅游发展总公司2001年编。

同里遗址陶器

从上引资料可知，同里的镇级建制始于唐朝。镇作为一级行政机构最主要的任务是维护镇市的商品交易秩序并征收商税，它的形成需要一定的发展过程：由零星的产品交换到定期举行商品贸易的集市，再到具有一定规模的固定商贸区，成为一定范围内的经济活动中心。同里由村升为镇，本身就是对其发展的肯定，而镇市又给同里的发展创造了更多的机会。在江南的众多古镇中，如此早地成为建制镇的可谓凤毛麟角，即使以唐代中期作为建镇的起始时间算起，至今也超过了1200年，是真正的千年古镇。因为江南地区民间商业有较大发展始于唐代中后期，在此之前，城市商业活动被严格控制在"市"中，而农村里只有简单的产品交换，通过草市这类初级市场完成。同里建镇以后，在唐宋两代有了较好的发展。嘉庆《同里志》称：同里"唐宋时成为闹市"，"宋元间民物丰阜，商贩骈集，百工之事咸具；园池亭榭，声技歌舞，冠绝一时"①。由此可见，当时的同里不仅是工商汇聚的地方，也是消闲享乐的场所。

同里在九里湖畔慢慢地长大，从原始的居民点发展成为"闹市"。然而，已为吴中巨镇的同里却逐渐离开九里湖畔向南转移。至于何时南移，为什么转移，各种历史资料均语焉不详。嘉庆《同里志》说是"元明时渐移至南"，但元明两朝有近四百年的历史，此说过于模糊。王稼冬先生自然不会满足于这样的答案，他从现在的同里镇有宋代石桥和园林废址等遗迹以及一些记载认为，《同里志》的说法推迟了同里镇南迁的年代，同里走出九里湖的时间应是南宋末年。

---

① 嘉庆《同里志》卷1"沿革"。

从富土到同里

　　多种史志俱称同里原名叫富土，后改为同里。但为何改名，有关记载都很简单，而且内容相近。嘉庆《同里志》引吴骥的《同里先哲志》说，同里"旧名富土，以其名太侈，乃析田加土为今名"。即将"富"字拆开，上半部去点为"同"，下面的"田"字与后一字"土"合为"里"字，"富土"二字重新组合后变为新的地名"同里"。

　　同里的百姓对这样的解释显然是不满意的，因此在同里民间就改名问题曾有不同版本的传说，其中影响较大的有三种。这些传说虽然不等于历史，但它们同样保留着过去的痕迹，在此摘录于下，以飨读者。

　　传说之一。不知何时，一群浙江富阳的逃荒人来到这里度荒年，被这里优越的自然条件所吸引，遂在此安居乐业。因为这里风调雨顺，土肥水美，连年丰收，他们就将这里取名为"富土"。隋炀帝统治时期，由于政治黑暗，生活奢侈，加上灾害连连，国家财政严重危机。但隋炀帝并不体恤天下受灾的百姓，变着手法进行剥削，到处搜刮钱财。一天，朝廷忽下圣旨，命江南富土每人增缴三斗税粮，并限十日内完成，否则严惩不贷。

　　正处在灾荒之中的富土百姓听到这个消息后非常着急：家里的食物本来就难以度此荒年，如再上缴粮食给朝廷，生活如何过下去？在这危难之际，镇上一位金姓秀才站了出来，想出一条对付朝廷的办法。他要求大家按照他的吩咐去做，到时定能渡过难关。

　　缴粮期限很快到了，负责征粮的钦差在地方官的陪同下乘船抵达富土，金秀才率领众百姓小心翼翼地将钦差一行迎接上岸。钦差询问皇粮收缴情况，金秀才上前回答说："今年受灾，收成锐减，无法缴粮"。钦差顿时厉声责问："既然号称'富土'，岂能没有粮食？"金秀才不慌不忙地说："大人是否误会了？我们这里叫'同里'，从来没有过'富土'的称呼，还请大人明察。"说完，带着钦差来到街市。钦差顺着街道仔细查看两边的店铺，无论是茶店酒楼，还是典当杂铺，招牌上都写着"同里"

河桥

某某号或"同里"某某馆。一圈走下来，看得钦差一头雾水：没有任何"富土"的痕迹。于是，钦差问地方官是怎么回事。面对眼前的一切，地方官也不明就里，但想到老百姓在艰难度日，不免生出恻隐之心，于是顺着金秀才的意思回答了钦差。被蒙骗的钦差没有收到粮食，只得急忙回京复命。

钦差走后，众百姓要将税粮酬谢金秀才，金秀才只收取了一升。这一升就是"富土"二字拆开组成"同里"二字后多出来的那一点。

一场虚惊，让同里人明白"富土"二字潜在的危险。从此，"同里"作为地名一直沿用下来。

传说之二。同里最初因土地肥沃，物产丰富而取名"富土"。可"富土"之名传开后却给这里的百姓带来很多问题。尽管这里四面环水，交通不便，但每遇灾荒，还是有大批饥民蜂拥而至，不仅扰乱了当地宁静的生活，而且使那些富绅们在经济上难以承受。大家终于意识到，这个耀眼的名字在带来荣誉的同时，也带来了很多的麻烦。于是，镇里的富豪们商量着改名。但他们不愿意丢弃原来的"富土"二字，最后只得采用拆字的方式，将"富土"拆并为"同里"。"同里"二字既能保持原来美好的愿望，又不锋芒外露，招至是非，逐渐被当地百姓接受。

传说之三。明初，江南巨富沈万三有个女婿住在富土，沈万三因富获罪，自然牵扯到女婿，朱元璋派人追查至此，招至一场灾难。尽管当地人迅速将"富土"二字合并后拆分成"同里"，仍没有逃出朱元璋手下的魔爪，"洗尽富土之民而夷其室庐"，整个富土仅一人得以逃出，藏匿他乡，其后代直到万历年间才返回同里。此传说在明人杨复吉《梦阑琐谈》的"丛谈"中记述的很具体，似乎也更真实。而沈万三的确有个叫陆仲和的女婿住在同里，并且相当豪奢，所居园第有疏柳桥、走马街等处，更增加了此传说的可信度。

民间传说是人们传承历史的方式之一，虽然其中不乏虚构的情节和夸张的语言，但却清晰地表达了人们的某些观念和愿望。以上传说都表达了一些相同的内容：①同里自古以来就以富庶闻名，并长期保持着安定的社会环境；②同里虽然是一个相对封闭的地区，但却是一个开放的社会，她不断接纳各地移民来发展壮大自己；③同里人有较高的智慧，能巧妙地化解来自各方面的危机；④富裕地区总会受到各种因素的干扰，尤其是来自封建政府的盘剥，甚至连一个奢侈的名字也会无端成为祸根，同里在历史发展进程中的起伏就是一个很好的注脚。

当然，传说终归是传说，有些内容明显违背了历史事实。如隋炀帝加赋之事显然脱离了实际：隋炀帝不可能为一个比县还要小的区域征粮派钦差，因为隋朝时的同里还不是一个建制镇。想必是隋炀帝恶名太大，因而同里被迫改名这盆脏水也被百姓泼在了他的身上。若认为上述传说确有历史依据，以本人的判断，"加税三斗之事"应该是朱元璋干的。当然，有了隋炀帝、朱元璋等人来陪衬，"同里"这名字也就改得非同寻常了。

从"富土"到"同里"，表面上看只是名称的变化，有关史志也作过淡化处理，但其反映的却是一个深层次的社会问题。因露富而招至麻烦是中国传统社会阴暗面的典型表现，同里也不能幸免。同里人在因为富裕遭到侵扰时，不得不学会退隐养性，走上中国的传统道路，最终成为中国一处代表性的文化标本。

同里还有一别名叫同川，有人认为是镇上的三条市河呈"川"字形的缘故。王稼冬先生在《烟雨同里》一书中认为，此说是附会，因为嘉庆时的《同里镇全图》和如今绘制的同里地图看不出同里有什么"川"字形的河流。而且以"川"字命名的地方还很多，如与同里同属吴江的平望别名平川，黎里别名黎川，以"川"为名只不过是拈出江南水镇独特的风貌而已。由于同川更富有诗意和幻想，故同川之称常在诗歌和文集中出现，多为文人墨客在吟唱时使用。

江南巨镇

同里镇南移之后发展迅速。元朝时设立税课局，并设大使、副使各一员，还设有务提领、务大使、务副使、巡检司若干，税课局的主要任务是管理市场和征税，巡检司的职责是维护治安。仅从这些官吏的设置就足以看出同里的规模已非同一般，不负"冠绝一时"的称号。

明清风貌

明朝初年，同里镇"地方五里，居民千余家，室宇丛密，街巷逶迤，市物腾沸，可方州郡，故局务税额逾于县市"。由此看来，同里镇当时规模不是很大，但在商品经济绝对不发达的明初，俨然是一方巨镇。而后来成为江南名镇的盛泽、震泽在当时也还仅仅是个几十户人家的小村落。明代同里镇有东西南北四栅，仍设有巡检司、税课局。镇上有洞真观，仁济、翊灵等道院，还有东岳行宫，即使作为州郡的治所也毫不局促。镇上店铺行庄鳞次栉比，商品交易的范围和规模、税课局事务的繁忙及征收税额的数量都超过了吴江县城。

明朝中后期是江南市镇迅速发展的时期，明初的很多小村落，因手工业和商业的兴起变成了某些产品的制作和交换中心。早已起步的

同里镇在频繁的商业活动刺激下不断发展壮大。到了明朝中期，人口规模较明初增加了一倍，居民已超过两千多家。由于同里处在诸多湖泊的包围之中，发展的空间受到了限制，市镇的地理范围难以扩大，发展的方向只能在密度上做文章。清朝初年，同里镇东西长二里多，周围仍是五里，但"居民稠密，树木阴翳，桥梁、寺观、牌坊、棋杆近联遥接"，比之明朝初年的同里布局显然要紧凑得多。镇中原有的一个放生池，占地数亩，芰芦丛生，芙蓉绽放，被称为荷花荡，是同里人立德晦养和休闲放松的场所。但到清朝中叶，逐渐被人们填土架屋，辟为铺面，竟成为闹市区。至此，同里镇的结构完全形成：在镇中三条市河的引领下，竹行埭、新填街、鱼行街、东溪街、东埭、南埭、陆家埭、三元桥弄、南濠弄、尤家弄、白场弄、臭弄、仓场弄、磨坊弄、石皮弄、圣堂弄、史家弄、西弄、穿心

弄、盐店弄等主要街道和小巷，通过五十余座桥梁相互交叉连接，构成了完整的商业区。

吴中粮仓

同里镇的发展与江南其他名镇的发展相比，有很多自己的特点。同里镇早在唐宋时期就颇具规模，比大多数发迹于明代中后期的市镇要早得多。形成这种规模的主要因素是同里以农产品贸易为主，而其他江南市镇则以手工产品和手工业原料为主要交易对象。江南地区在唐代中期以后，逐渐成为我国的经济中心，也是我国最大的粮食产地，宋代曾有"苏湖熟，天下足"之誉。丰富的农产品必定需要相应的市场来调节和流通，同里虽然陆路不通，但水上交通便捷，除了环绕它的众多湖泊外，吴淞江也从它的身边流过。农产品体积大，分量重，水上运输方便、便宜，加上江南地区水网密布，乡村均有水路相通，同里自然成为农产品的集散地。米是同里及其周围最主要的农产品，所以米业成为同里各商业行业中的领头羊。在江南市镇兴起后，各镇根据本地的实际情况大力发展自己的专业市场，同里也在这次市场分化中，继续发挥农产品集散地的功能，扩大米业的优势。同里之米与盛泽之绸、震泽之丝都是最著名的专业市场，并和江都的仙女

庙、无锡的北塘、上海的南市并称为江苏的四大米市。据嘉庆《同里志》记载，清朝中期同里共有米行72家，盛况可见一斑。随着米行之间的相互竞争和吞并，米行的数量在逐渐减少，但总资本和总营业额却在不断增加。竞争的结果使同里在很长一段时间里，米业由源丰、大丰、东厂丰、西厂丰、协丰、正丰、福泰、萃泰等八家规模较大的米行所控制，周瑞和、张晋亨两家小米行在夹缝中艰难地生存。同里的大米是上海食粮的主要来源之一，并远销天津、宁波等地。被称作"苏同白"的同里米一直是上海人餐桌上的主要食物，而通过吴淞江每年向上海运送的大米则达40万石之多，这种局面一直维持到1938年。

同里的米业由官府统管，经营米行者，无论规模大小还是独资合资，都必须向官署申领允许开业的"牙帖"，牙帖规定米行应交的税

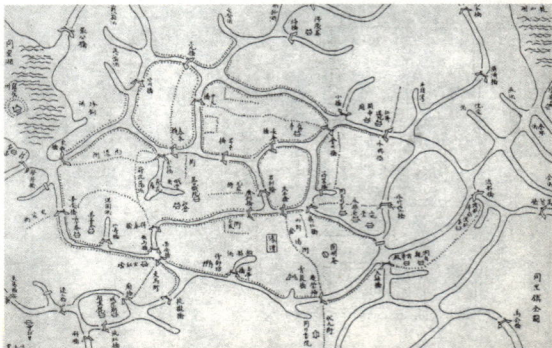

同里镇全图

款，拥有的收购、贮存、加工、运销四方面的合法经营权利。所以，米行与米店相比，其经营的范围显然要宽得多。

米行的进出运输量非常大，故米行都开设在镇梢水路畅通的水口沿岸，并设有宽阔的、被称为"行场"的码头。收购时，卖方将粮船开到码头前依次停靠，并提供米谷样品，米行专业人员按不同的质量和行情喝价，双方达成某一价格后，即过斛计数，由米行工人搬运入仓。每到新谷登场时，粮价较低，米行都会全力以赴大量收购新粮。因此，米行必须拥有巨额资金和大量流动资金。贮存新粮是米行利用时间差价赚取利润的必然手段。米行老板们在积聚到一定的粮食后，便根据市场行情决定屯留或抛售。在粮食贮存期间，米行还要对粮食进行加工，一般是将糙米加工成白米。在 20 世纪引进柴油碾米机之前，米行都是雇用大量的工人春米——一项非常辛苦的工作。加工好的白米 90% 要运往上海，一般由能装 300 石左右的大木船运输，此类船上安有三道篷，速度很快，当天就能抵达上海。从同里供应上海粮食的数量看，在从同里通往上海的吴淞江上，每天都会有运送粮食的船只往来。返回的船通常会带回一些上海的商品货物，由此它沟通了同里与上海在其他方面的商品交流，使同里与已成为中国经济中心的上海以同样的脉搏在跳动。

同里米业能长期繁荣主要有以下几方面的原因。一是同里与上海保持着通畅的运输渠道，即使在战乱期间，同里与上海之间的商业联系也未曾中断；二是同里米业资本充足，流动资金多，厂房、库房、加工设备等基础设施完善；三是同里的米业善于经营管理和价格公允，具有较好的商业道德和信誉。同里米的来源远非同里或吴江地区，远至嘉善、青浦，近如昆山、吴县的农户，都到同里来籴米。同里周围也有芦墟、松陵等米市，但它们的规模和影响都无法与同里相比。同里拥有三家米行的米业世家庞氏家族代表庞琴声长期担任吴江县商会会长，能在以丝绸等众多专业市场闻名的吴江成为商界领袖，可见同里米业的社会影响之大。

同里米业除了自身聚集了巨大的财富外，还直接带动了同里的发展。作为江南大米的集散中心，同里每年吸引着大量的籴米者来到同里，他们在同里的消费带动了同里商业的发展。按照同里大米的进出额估算，每年约有二万船次来同里籴米。因此，每到秋天，农民们在卖出粮食之后，手中的现钱最多，必然有一定规模的消费，他们上饭店、进茶馆、吃点心、采购货物、修理农具等。同里的商业，尤其是服务业在这时异常兴隆，文化娱乐活动也伴随着展开，使同里处在节日的欢乐之中。由此可见，同里米业的发展在文化和社会的层面上得到延伸。

同里米业的发展造就了大批的米业人才，也吸引了周边地区的劳动力。大量的米业职工撑起同里庞大的粮食交易的同时，也吸收了附近农村的多余劳动力。同里的米业职员按业务能力、年资分级，很多人具有丰富的经营管理能力，以致外地米行都愿聘同里米业的职工。同里的米业曾培养出善于经营的米业资本家。同里的三丰米行在同里起家后，利用丰富的开业经验和培养出的高级人才，在苏州开了一家拥有三百多职工的苏州三丰米行，其规模为江南第一。同里的米业还是吴江较早地使用机器动力的行业。1889 年，同里购置了第一台40匹马力的柴油机用于碾米，将这项古老的行业带入近代化进程。

同里的米业加强了同里与其他地区的经济联系，也促进了地方社会的进步。同里的运米船从上海返回时带回的商品，使同里成为城市与农村之间经济联系的纽带。民国初年，同里商业街东自新填地，西至西埭，全长三里，店铺鳞次栉比，汇集了六十多种行业的六百

明清街

余家商号。尤其是南湾塘和小菱湾一带，每逢贸易高峰，商贩们蜂拥而至，船如潮涌，市河堵塞，街道人流涌动，人声鼎沸，从早到晚，没有间歇。同里的商业发展形成了强大的辐射功能，周围的周庄、车坊、芦墟、北厍、莘塔等乡镇，方圆数十里的范围都处在同里的商业圈之内。

百业兴旺

除了米业外，同里的商业还向其他领域延伸。米业的兴起，首先带动了油菜籽加工业的发展。同里民间有"九当十三车"之说，这"十三车"指的是同里有13家油车坊，其油菜籽的加工能力居吴江全县之首。而棉布市是同里仅次于米市的商业部门，同里镇及其周边居民，皆勤于纺织，织成的棉布拿到同里镇市场来交换，汇成了巨大的商流，成为吴江东部的一个主要棉布市场。同里的米市需要庞大的水上运输能力来支撑，水网密布的同里居民需要船只沟通，因而造船也就成为同里的另一重要行业。在同里的辽浜，汇集了许多造船厂，是江南一个重要的造船中心。同里的竹器编织业也很发达。以米和水为伍的同里人在各种场合都使用竹器，同里的众多居民便以编制竹器为生，编成的竹器在同里镇和周围的市镇里变卖，甚至进入苏州等城市，给同里的商业添加了新的色彩。

商业的发展，给同里古镇不断地注入活力，大大提升了同里社会的发展水平，加快了同里的近代化步伐。早在道光年间，同里就设有全盛合记信局，为全镇邮政之始。1906年，同里邮政分局成立，同里至上海的轮船也开通。1914年，米行使用直流电为动力，同里镇的居民有了500盏照明电灯。到了1922年，同里人就率先看上了电影，同时，上海江南银行同里办事处也应运而生。接下来的两年里，同里开通了电话，初次装机就达59部，西药房也在古镇诞生。1926年，同里有了水上运输公司，苏同轮局开辟了苏州至周庄的航线，同时诞生的还有印刷所。同里人不断奋力追赶时代的脚步，就这样清清楚楚地印在古镇的岁月里，给了人们一个江南巨镇完整的诠释。

同里人民几千年的奋发努力，使九里湖边的村落出落为一方引人注目的经济中心。同里在造就了千年古镇辉煌的同时，也留下了悲凉的沧桑。不断走进同里的人们，在扑面古风的吹拂下，定会涌出无限的遐想。

太平天国在同里

苏州是太平天国后期最重要的统治中心之一，太平天国仰仗省会设在苏州的苏福省提供的巨大经济支持与清军拼搏了4年，在历史上留下了一笔浓抹重彩。同里作为吴中著名的米市，是太平天国控制的重点区域。1860～1863年，太平天国在此建立政权，管理同里的时间长达三年。有位王姓的同里人曾在一本署名"知非"的手写日记中，比较详细地记录了太平天国前两年（1860～1861年）在同里的基本情况，给同里的历史留下了一批重要的资料。

太平天国于1860年4月（农历，以下均为农历）攻克苏州及所属各县，建立了以忠王李秀成为首的苏福省。此时的大部分集镇农村仍被代表清朝势力的地方官绅所控制，他们利用手中的财富和人力，组织武装与太平天国军队相对抗。早在太平军还未攻下苏州时，同里的地方武装就已组建起来，同里巡检司与当地绅士也发起成立了民团、圩团练勇和保卫局等，并配备了一些枪炮装备起来的枪船和炮船，分别驻守在庞山湖东口的塔婆庵和庞山湖南口的王家木桥、长生桥，这两处是运河通往同里的水陆要隘，也是同里和外界交往的主要通道，地方武装企图守住这两处要隘，把太平军挡在同里之外。进入5月，太平军向塔婆庵等地发动过多次试探性的进攻。5月28日，太平军攻占了与同里隔湖相望的吴县车坊，并将船队停泊在九里湖。此时的同里镇局势非常紧张，地方武装立即分派兵船把守湖口。第二天，太平军向同里发动进攻，九里湖上帆樯如林，旌旗蔽天，炮声隆隆。前去迎敌的同里地方武装由于是东拼西凑、被迫或雇佣来的，没有什么战斗力，很快就被太平军的气势吓倒，调转船头逃回。镇上的居民也在太平军的炮火声中逃向东南农村。太平军上岸后未遭受多少抵抗，就迅速占领了同里镇。

但太平军并没有在同里镇停留，而于次日就撤离。与此同时，遭到致命打击的同里团勇也不敢在同里驻守，巡检司和主持保卫局的士绅不再轻易来镇。管理处在真空状态的同里居民，则饱受动乱之苦，土匪时常到镇上公开抢劫，吴江县令与巡检司也伺机到同里搜刮勒索，周围地区的农民在太平天国革命思想的影响下要求富室"分食"。持续了两个多月真空状态的同里遭到前所未有的打击，几千人的大镇所剩居民不及百人，多少年来积累的财富被大量的转移和瓜分，明清时期的建筑也遭受严重的破坏。

经过一段时间的准备，太平天国开始在同里实施有效统治。7月份，同里将当地的"户册"上报县里，并按户发给门牌，成立基层组织师帅、旅帅，张贴安民告示，选送文武生员到苏州应试。8月29日，同里的前军军帅衙门在财神堂成立，管辖同里镇及其下属各村。

同里军帅在管理同里期间，努力开展工作，为太平天国和同里的发展与稳定作出了积极贡献。首先是巩固政权和选拔人才。在军帅成立之前，同里就选派四人参加苏福省"招文武生员"的考试，有3人中选。其中的钟志成当即被任命为监军，他后来成为太平天国一位非常有能力的地方干部。第二年3月，同里又有23人参加县试，占吴江全县48人中的

现在的乌金桥

近一半。同里的军帅、师帅、旅帅、卒长都是由当地人充当，这些乡官负责同里的日常政务，还有一项重要任务就是为太平天国筹集经费。卒长督促居民按田亩和户口交纳赋税，监军和军帅则向镇中的米行等借捐军饷，他们都圆满地完成了任务。同里作为商业中心，还承担着变卖"打先锋"所获得的物资。所谓"打先锋"是指太平军在敌占区剥夺富户得来的物资。路过同里"打先锋"的太平军队伍较多，同里的泰来桥街市是公开变卖物资的场所。其次是改变装束，规定"一应军民人等"，一律留发，严禁私自剃发，恢复清入关以前汉人蓄发的习惯。三是严明纪律，公平交易。太平天国在同里建立政权后，同里没有杀掠行为，路过同里的太平军上岸抢劫销赃，也被同里军帅严肃处理。同里军帅金大昌上任不久，即出告示严禁鸦片，锁打枷号违禁犯约者。

但是，太平天国最终归于失败。1863年6月，淮军程学启所率的水陆各营与戈登带领的"常胜军"由九里湖进入同里，同里太平军在嘉兴太平军的支持下英勇反击，反复争夺同里，但终因力量悬殊而失败。程学启在同里大肆报复，将监军钟志成杀害于昆山，其余的乡官也多有被杀，他们的子孙也受到清政府的迫害和歧视，如取消他们的科举考试资格。

太平天国在同里的时间虽然不长，但却

马上报喜图

给同里带来了一段特殊的经历，是同里历史的重要一环。在同里镇的西北郊，有一座名叫乌金桥的古桥，它是同里的主要出入口之一，也是苏州到同里的必经之路。太平天国进入苏州后，古桥被拆毁，但同里人民为了迎接太平军的到来，仅用一夜的时间就把古桥修复，并在桥中心的一块方石上刻了一幅由喜鹊和奔马等图案组成的"马上报喜"图，以表达同里人民对太平军的祝愿：太平军旗开得胜，马到成功。同里人民对太平军的热情态度和太平天国在同里取得的成绩，是太平军在苏南地区的典型缩影，也是同里历史上的一幅精彩画卷。

走向世界

1938 年，日本军队入侵同里，饱受蹂躏的历史名镇逐渐淡出人们的视线。此后的几十年中，战乱和运动虽不时地袭扰着同里，侵蚀着同里的文物古迹，但古镇四周的 5 座湖泊和镇区的 15 条小河成了一道天然的屏障，有效地阻挡了一些外部因素的干扰，使小镇继续保持着古朴天然的历史风貌：38 处保存完好的明清宅第园林和寺、观、庙、牌坊等，占古镇建筑物的 60％以上，49 座宋至清代各种风格的石桥沟通着 7 座小岛，精巧玲珑的园林小筑、庄重古朴的深宅大院随处可见，是名副其实的"明清建筑群"。更引人入胜的是这里依水成街、沿水筑屋，家家临水、户户通舟，人居与自然美妙的结合，使同里成为江南水乡古镇的代名词。同里人悠闲的生活，诗画般的场景，平静的心态是一个活脱脱的现代"世外桃园"。

"世外桃园"

上世纪 80 年代中期，作家赵丽宏第一次来同里，便留下了难以磨灭的印象，他用诗样的语言给人们描述了一个梦境般的同里：

同里果然非同寻常。刚刚下过了一场春雨，我们在河边散步，踏着湿漉漉石板路，从有着几百年历史的古旧瓦房的屋檐下走过。水珠滴落下来，打湿了我们的衣衫。印象最深的是河上的石桥，一座连着一座，每一座都不一样。站在桥上看河边那些老房子，只见黑瓦连片，粉墙斑驳，被春雨打湿的柳树绿得清新耀眼，这样的美景，使人不禁想起古人的诗句："春城三百七十桥，夹岸朱楼隔柳条"，"二十四桥千步柳，春风十里上珠帘"。许世旭收起手中的伞，站在雨里，眼前的景色使他迷醉。他大概觉得只有淋在雨里，才能真切地感受这江南古镇的韵味。这时临街的一扇窗户"吱呀"一声打开，从窗户里探出一个小姑娘的脸，她见我们淋在雨里，便冲着我们一笑，嘴里轻轻地嘟哝一句……许世旭听罢哈哈大笑，他说那就是中国江南的吴侬软语，如唱歌一般。①

当改革开放的春风吹开同里尘封已久的大门时，小桥流水边的宁静与安详，让置身于喧哗和浮噪中的都市男女惊诧不已。寻梦的人们走向江南水乡，走向同里，寻找他们曾经拥有过、但已从身边消失的世界。

面对今天

封闭的环境注定要让同里付出代价。"自然保护"下的古镇虽是宁静古朴的理想家园，但经济发展状况明显落后于周边地区，人民的生活水平相对较低，不再有历史上曾经有过的繁荣和影响。

同里的"落后"给它留下了无尽的发展空间。它没有像其他江南古镇那样以"发展"的名义将历史的陈迹清除殆尽，而是以原始风貌迎接新的机遇——大众旅游时代的到来。同里人意识到，深厚的文化底蕴、原封不动的文物古迹、古朴的民风和安宁的环境才是他们迈向新时代的最大资本，文化是他们最响亮的招牌。

从1981年起，同里就赢得了无数的顶级光环：1981年，同里景区被列为国家级太湖风景区13大景区之一；次年，同里镇成为江苏省惟一的省级文物保护镇，退思园也同时被列为省级重点文物保护单位；1995年4月，同里镇被江苏省人民政府列为首批历史文化名镇；1998年6月，同里古镇被国家建设部列入申报世界文化遗产预备清单；2000年11月，退思园进入世界教科文组织的世界文化遗产清单名录；2001年5月，同里景区被国家旅游局列为国家级4A景区；同年6月，退思园成为国务院颁布的全国重点文物保护单位；2002年12月，同里被评为国家卫生镇；2003年同里被联合国教科文组织授予2003年亚太地区文化遗产保护杰出成就奖；同年11月，同里又被建设部和国家文物局评为中国首批历史文化名镇（村）。在今后的很长时间内，同里的荣耀还会接踵而来，同里的内涵将得到充分的展示和肯定。

---

① 赵丽宏：《同里古韵》，吕锦华等：《在水一方——名人笔下的同里》，人民文学出版社，1999年。

同里人家（唐嘉鸿摄）

同里保存完整的古代建筑成了各种影视片拍摄的天然场景，从 1983 年北京电影制片厂在同里拍摄《包氏父子》以来，共有 100 多部影视在同里诞生，其中不乏在全国乃至海外有深远影响的影视名作，如《红楼梦》《风月》《戏说乾隆》等。1999 年 4 月，中国电影家协会将同里列为中国影视摄制基地，可以说是实至名归。影视拍摄虽然不能给同里带来多少直接的经济效益和文化积淀，但其产生的社会影响是无法估量的。同里的风貌在摄影师的镜头下更清晰、更真实、更美丽，并通过发达的影视网络展现在中国人民乃至世界人民的面前。使那些没有到过同里的观众能零距离地接触同里，感受同里的古朴、优雅和精致，诱发对同里无限的憧憬。而且，摄影师们还用其独到的眼光和闪动的光圈，不断地发掘同里文化的闪光点。

同里人也利用这特殊的舞台尽情地表演。自 1997 年始，同里景区连续举办了八届"同里之春"旅游文化节；"同里杯"中国围棋天元赛自第十四届始已连续 6 届在同里举办，并于 2003 年 8 月开始了中韩围棋天元战。从 2002 年开始，每年一次面向全国的"水乡丽人"评选也在同里举行；此外，同里每年进行的活动还有暮鼓晨钟、江南小吃节以及在黄金周期间开展的舞龙、宣卷、江南丝竹等极具民间气息的文化活动。

同里人的文化底蕴还在不断加深，层面也随之扩展。除了修复和重建部分古代建筑外，同里又引入了新的文化内涵，一些展馆的出现正丰富着同里文化多样性的色彩，也给游客们带来更多的享受。

在同里新近修复的珍珠塔景点旁的松石悟园里，陈列了 1200 多幅松屏石天然板画。松屏石又叫松石、醒酒石、婆娑石，是距今 2 亿多年前形成的变质岩，由锰铁类氧化物等各种溶液随机渗透形成以树枝、花卉图纹为主体的画面，衬以各色岩石颜料，浑然天成一幅幅历史悠久、古朴典雅、意境深邃的优美画卷。松屏石板画艺术境界极高，既有西洋油画的光线和色彩，又有山水画的潇洒雄浑和水彩画的明快亮丽，达到了中国画追求的"外师造化"的境地。松屏石在我国的收藏起于先秦，可谓源远流长，与八公石、琅琊石等并行天下，为世人所珍爱。原铁道部工程总公司设计部部长张家忻与夫人将集 30 多年苦心收集的 1200 多幅珍藏捐献给同里，同里人民为了永久保存这批珍贵的自然文化遗产，修建了松石悟园作为展馆。

在退思园边一条僻静小巷的尽头，颇受争议的中国古代性文化博物馆也借丽则女学旧址在同里寻找到了暂时的归宿。由于历史的偏见，性文化长期以来被尘封和淹没。其实，悠久丰富的性文化是人类文明发展最基本的内容之一，也是中国历史文化的重要组成部分。上海大学的刘达临教授冲破传统观念的束缚，在国内较早地开展了中国古代性文化研究，并搜集了大量的实物史料，取得了阶段性的成果。自1993年以来，刘教授将他的藏品在中国大陆的上海、沈阳、广州、杭州、天津、重庆和中国台湾、香港及柏林、横滨、鹿特丹等地展出，产生了轰动性的效果，甚至在当地掀起了中国古代性文化热。趁着这股热浪，刘达临先生在上海设立中国性文化博物馆，希望在这个开放的国际性大都市里得到滋润和发展。但是，在上海的几年里，博物馆并没有得到社会的广泛认同，性文化只能游离于上海文化之外，而昂贵的场地费用迫使刘教授重新为它们寻找归宿，最终同里成为博物馆的落脚点。尽管同里各界对博物馆的到来还有些微词，但同里能接纳就说明同里文化具有较强的开放性和包容性。性文化博物馆作为专业博物馆，既是科学研究基地，也是科普教育的理想场所，正面意义勿庸置疑。作为全国惟一的性文化博物馆，其丰富的展品、独特的领域和独一无二的垄断优势必定会给同里带来长期的效益。

　　由王绍鏊祖居改建的历史文化陈列馆是同里历史和文化的浓缩。在这幢两层小楼里，陈列着同里历史上重要

人物和重要事件的各种资料。透过它们，我们可以看到陈去病、金松岑忙碌的身影，丽则女学师生们愤怒的吼声，太平天国将士改换天地的风云。在陶器、石器等实物中，同里几千年历史的脚步并不那么匆忙，每个历史时期都表现得优雅、充实。

绿树掩郁下的同里并没有放松对环境的追求。在古镇东郊，有华东地区最大的平原森林公园——肖甸湖森林公园。公园始建于20世纪60年代末，由一个湖泊围垦而成。三十多年过去了，当年种下的小树在风雨中已长成参天大树，筑起了一方翠绿浓荫。公园占地4000亩，内有水杉、池杉、毛竹等几十种树木，吸引了白鹭、黄鹂在内的数十种珍稀野生鸟类及松鼠等动物。一条小溪从林中穿过，清澈的溪水里小鱼在追逐嬉耍，徜徉其中的红鲤如红云飘动，环境幽雅、静谧。大片林区犹如同里之肺调节着周边的气候，带来清新的气息。为了吸引更多的游客，公园里用木头、棕绳建起了古色古香的荡秋千、走木桩等传统娱乐活动设施，让人们在享受自然和清新的同时，也找回一些少年童心。

作为国家级卫生镇，同里镇及周边环境的治理颇有成效。市河的水流缓慢清澈；颇有古典风味的游船在船娘们的歌声中飘荡；整齐的驳岸在林荫中隐约延伸。没有机动车进入的古镇区少却了现代化的烦恼。

所有这一切，同里人正在打造着一个世界级品牌——"醇正水乡，旧时江南"。

春到同里（周仁德摄）

晨 雾 （刘智常摄）

同里以水为生，以水取胜，以水扬名，水就是同里的灵魂。

同里地处美丽的太湖之滨，四周被水所环绕，像漂浮在水上的大船，被人们称为『碧水芙蓉』。同里东枕同里湖，南濒叶泽湖、南星湖，西靠庞山湖，北接九里湖，外邻西北流经的吴淞江，宛如璀璨的明珠荡漾在碧波中。

水给了同里人与众不同的生活道路。将同里人与周围隔开来的水，也是同里人和外界联系的依仗。同里人以舟楫通天下，走出了一条富裕之路。水将同里的水上交通网编织得四通八达，使同里成为农产品集散中心，成为著名米市，带动了同里的持续繁荣。水网还使同里成为农村与城市沟通的桥梁。同里将从上海、苏州等地获得的商品、时尚传递到广大乡村，也将从农村集中来的劳动力、农副产品源源不断地输往城里，是城乡双向交流的枢纽。

一些富人将河水引进宅第的花园，形成涓涓细流或一泓池水，在欣赏嬉戏之余，也把他们对人生和社会的种种思虑寄托在这清流碧波之中。

醇正水乡

小桥流水

　　小桥流水人家是江南水乡的典型特征，是人们形容苏州最贴切的语言。然而，同里则是微型的苏州，人称之为"东方小威尼斯"。

　　同里的镇区被15条小河分隔成7个小岛，这些小河成"川"字形，故同里的儒雅之士在诗文中常称同里为"同川"，以彰示同里水乡的特点。

河　桥

　　清清的小河把水带到每家门前，河边的河桥将河水和小街连起来，方便了同里人对水的亲近。同里众多河道的两旁，全都用花岗岩的条石砌成驳岸。整齐、清爽的驳岸经久不衰，将小河驯服得温顺、清洁。流淌的河流犹如血管，不断地给同里输送着激活生命的血液，荡涤着污流浊气，书写着同里的沧桑。驳岸规范了河流，也影响了人们对水的利用，石埠头便弥补了这种不足。石埠头又称河桥、石码头，是同里的一大景观。沿河每隔三五步或十来步便有一座石埠头。同里的河桥分为内河桥和外河桥，多为双河桥。"外双落水"河桥突出驳岸，双桥呈正八字形，石阶沿着河岸向两边的河面延伸，尽头为一平台。"内双落水"河桥

呈倒八字形，嵌入驳岸中，外沿与河岸平齐，最低处是一平台，石阶在平台的两头逐级上升，直达街面。单河桥一边有台阶，是"八"字的一撇或一捺，显得不对称。还有一些简单的河桥，如"悬挑式"河桥仅用条石挑出河面，逐级伸向河中，走在上面，颇有些惊险。最为讲究的是内外结合的河桥，上半部为内河桥，下半部为外河桥，整个形状呈"X"形，交叉处是一平台。同里人家大都傍水而居，前街后河，很多家的河桥都在后门，故被称为"后河阶"。为了遮雨避阳，后河阶上有千姿百态的建筑，有的将一排廊檐伸到水边，廊檐下一扇小门对着河埠石级，后门挨着水面，涨水时小船的一头可以伸进屋内。有的在后河阶前倾倚着一棵古树，苍绿的浓荫可以笼罩着后河阶及其附近的河面。有的外河桥中建有亭子形状的

廊棚，内河桥的平台上筑一间水上楼阁。为了方便过往行人，弄堂口、桥梁两侧都建有公用的河桥——洁净的同里没忘让往来过客洗去旅途的风尘和疲劳。而河桥连着拱桥，水陆相接，桥面与水面相连，同里的自然与人文被融为一体。

同里的河桥看似普通，但在同里的生存和发展中却起着不可替代的作用。居家生活，一刻也离不开河桥，百姓家的主妇和富贵之家的佣人都在河桥上浆洗擦涮，以荡涤出洁净的环境和悠闲的生活。编竹器的、漂丝的、剪鸡头米的也劳作在河桥上，讨着艰苦的生活。河桥是人们交往的重要场所，小河两岸相对的河桥成为人们的聚集地，人们在劳作的同时相互交谈，既可消除疲劳，又能传递信息。夏日的夜晚凉风习习，河桥上的廊棚、凉亭、阁楼是人们消暑纳凉的好去处，人们在这里听古老的传说、数天上的繁星，回忆无忧无虑的童年。各式河桥是观赏放水灯、赛龙舟的绝佳地点，在河桥上，看着漂动的水灯，犹如置身于满天星斗之中。同里因河成街，因河成市，河桥则是河与街、河与市的连接点，是外来人员、商品、文化、信息进入同里的第一站，它们从河桥通向同里的千门万户，给同里带来新鲜和活力。河桥还是同里走向世界的第一步，从这里走出了同里的众多文人骚客，走出了一批批举人进

士，走出了陈去病、金松岑等爱国志士，也把雍荣华贵的同里传遍天下。

处处飞虹

同里因河成市，因桥成路，众多的河流使同里成为桥的王国、桥的博物馆。桥将同里的各个角落连接起来，形成一个整体，方便了同里人的出行，方便了文化传播和商品流通，汇成了一股潮流，堆砌着同里的历史厚度。

中国的桥梁建造历史悠久，技术精湛。但早期的桥梁多为架梁桥，桥面紧贴水面，虽然方便了人们的出行，但却妨碍了水上交通。直到拱桥的出现，船舶往来与沟通濠堑之间的矛盾才得以解决。拱桥以拱抬高桥面，船只可以在桥下自由穿行，实现了最初的立体交通。据《水经注》记载，我国最早的拱桥是建于西晋时期的"旅人桥"。现存最早的拱桥是建于隋代的河北赵州桥，但拱桥得到最大的利用还是在水网密布的江南地区。宋代以后，拱桥大量采用岩石砌就，坚固持久，加上江南地区的经济发展使桥梁迅速增加，因此在今天江南的城镇乡村，还不时看到宋元明清的飞架彩虹，成为江南水乡的独特风景线。

虽然江南古桥为数尚多，但能像同里这样拥有49座古桥的不多见。其在江南小镇中不

思本桥

仅数量名列前茅，而且种类和式样也丰富多彩，让人过目难忘。同里的桥可分为两大类：一类是拱桥，多建在各种通航的河道上，桥体相对较大，建造成本也高，但因其属必不可少的公共设施，能经常得到维护和修葺，在同里的桥梁中占据多数；另一类是架梁桥，多建在小河浜和住宅园林中，桥体小巧玲珑，与周围环境融为一体，其观赏陪衬的意义大于实际用途，也常常随着宅第的毁坏而坍废。中国古代修桥铺路多是依靠社会力量捐资兴建，从同里的现有古代桥梁来看，大多也是同里历代社会贤达"行善积德"的结果。

同里现存最古的桥是宋代的思本桥，俗名又称"思汾桥"，距今已有700多年的历史。思本桥的建造者为宋代著名诗人叶茵。取名"思本"，是源于"国以民为本，民以食为天"这句体现儒家"民本"思想的经典名言，其忧国忧民之意跃然而出。思本桥坐落在同里郊区一个偏僻的渡口上，现代公路铺通之前是同里通往吴江县城的必经之路。在以舟楫通天下的同里，思本桥连接着同里走向外界少有的古道。这座曾经人流川行、为同里沟通外界作出巨大贡献的思本桥，由于时代的变迁，已完成了它的历史使命。现在桥石虽然塌陷并爬满了青藤，显得有些苍老衰败，但却遮盖不住思本桥曾有的辉煌。思本桥为单拱结构，两头的桥墩伸入河中，使桥基扎实稳固，弧形的桥身顺势向两岸延长，犹如彩虹落地，半圆形的桥孔与水中的倒影呈"O"形，如同一颗硕大的珍珠镶嵌在秀水清川中，而光洁的桥石砌就了其经久不垮的身躯。作为江南地区较早的拱桥，思本桥优美的造型和成熟技术的意义远远超越了方便交通的范畴，它对同里及其周边地区的历代古桥有深远的影响。有"民本"情结的叶茵虽未高居庙堂之上，却将理想转化为行动，惠及世世代代的同里人。他出资建桥的义举成为同里后代的榜样，造就了同里"桥的王国"。至今，人们站在落日余辉下的思本桥上，不仅能看到同里郊外旖旎迷人的田野风光，也能感受到叶茵那爱民忧民的拳拳之心。

在同里，有为民造福之心的不仅仅是那些社会贤达，胼手胝足的穷苦百姓同样实践着奉献乡民的理想。西津桥的建造就是一个生动的实例。西津桥在古代吴国和越国的界河上，这里水深河阔，人们往来不便。相传很久以前，河边有位心地善良的摆渡人，从不多收客人的船费，遇上穷苦人渡河时，更是分文不取。他这种风雨无阻、热心为民的德善行为持续了数十年，惊动了观世音菩萨。观音菩萨化作一位贫老妇人实地考察，确信摆渡老人的高尚品德后，在求渡时暗中留下一笔金银。摆渡人在观音走后发现了这笔钱财，到处寻找失主，都没有结果，于是他用这笔意外之财建造了这座气势不凡的拱桥——西津桥。摆渡老人在砸掉自己饭碗的同时，却给千千万万的过河人带来了方便。从《同里志》的相关记载看，西津桥始建年代已难考实，但同里人在明崇祯、清康熙、乾隆年间都有募资修理或重建的义举，延续了

东溪桥（马景明摄）

同里社会损私奉公的优良传统。

有了思本桥、西津桥做榜样，同里的古桥以不同的姿态走进了同里人的生活。屹立在同里镇东南的明代普安桥，是同里社会和历史一个生动的缩影。普安桥又称"小东溪桥"，桥西侧的石壁上刻有"一泓月色含规影，两岸书声接榜歌"的对联，展现了同里人热爱读书，奋发向上的精神面貌。对联中所描绘的同里夜景：平滑的水面，洁白的月色，寂静的田野，朗朗的书声，是那些置身于喧街闹市的芸芸众生们梦中的天堂。

同里在造桥的同时，也把同里的文化艺术魅力形象地展现出来。同里的石桥一般在桥顶或两旁石栏板、石望柱和抱鼓石上都凿有纹饰，有的还留有石刻文字或始建重建碑，不仅为地方史和桥梁建造史的研究提供了可靠翔实的资料，也是同里水乡文化的重要表现场所。同里镇北原有一座建于唐初的法喜寺桥，上面镌刻有大量的古人题迹，其残存的一块长5.46米的石栏板上，就有72行唐人题名。可惜的是，法喜寺桥这块仅存的珍贵遗物已毁于"文化大革命"期间。在同里的很多古桥中，尤其是清代石桥，桥孔两侧和桥身内外都嵌有石刻对联，大大提高了石桥的艺术品质。上面提及的西津桥又叫渡船桥，在古镇的西北角。桥的南侧刻有"一线桥光通越水，半帆寒影带吴歌"的对

联，指出了此桥所处的特殊位置：当年吴河越界。桥北侧的一副对联"春入船唇流水绿，人归渡口夕阳红"，既点明了桥名，又展现了该桥迷人的风貌：每到天高气爽的日子里，过往西津桥的客人们站在桥顶上，向西可以看到苏州的七子山和山巅的宝塔。上面提到的普安桥东侧，刻有"古塔摇红迎旭彩，罗星晕碧锁溪光"，描述了清晨时同里东部罗星洲一带的人间仙境。

具有神话色彩的富观桥是同里人在桥梁演绎文化的又一杰作。建于元代至正十三年（1353年）的富观桥形制高大，历代曾有多次修葺，上面留有武康石、青石、金山石、花岗石等多种石料。但屡次修补并没有改变该桥的古朴风貌，更经久不变的是桥的龙门石上一幅"鲤鱼跳龙门"的浮雕，和附着在这块浮雕上的优美传说。相传浮雕中的这条半龙半鱼原是一条鲤鱼。在春色盎然、桃花盛开的三月里的一天，它借着高涨的河水乘风破浪，奋力跳跃，想跃过龙门进入仙界。可就在它跳出水面的时候，一位美丽的姑娘走上桥来。鲤鱼被姑娘的美貌触动了凡心，精力分散，只有头部跃过了龙门。结果跳过龙门的头部变成了龙头，而落在龙门外的身体仍保留了鱼身。这则"三月桃花龙化鱼"的故事不仅寓意深刻，也使富观桥增添了神秘色彩。

有"赌气桥"之称的中元桥是一座清代梁

式三孔古桥，桥身简朴，但跨度较大。它与同时建造的泰来桥也演绎了一个在同里经久不衰的故事。相传很久以前，这里住着两个财主，一个眼力较差，一个腿脚不便。有一天他们聚在一起喝茶，有腿疾的财主指着茶馆边的木桥对另一个财主说："我要把它建成石桥，老兄你以后就可以托我的福，不必在风雨中扶着栏杆过这摇摇晃晃的木桥了"。话音刚落，眼力不好的财主愤怒地说："你造你的桥，我走我的路，我为什么要托你的福？你能造桥，难道我就不能造桥？"两个财主赌气之后，迅速行动起来。半年之后，同里又增添了两座新桥，一座叫"泰来桥"，另一座则叫"中元桥"。为了不走泰来桥，眼力不好的财主将桥建成了简易三孔石桥，并抢先落成，因此，同里百姓把

中元桥称为"赌气桥"。同里在竞争中发展，即使在善行义举中也体现了他们的作风。这种"竞争"，或者叫"攀比"改变了同里的面貌，也丰富了同里的精神。

在同里的众多园林宅第中，还有很多装饰性的小桥，它们是同里园林的重要内容，也丰富了同里桥梁的风格和形式。坐落在环翠山庄荷花池上的独步桥，是同里最小的桥，桥身长不足五尺，宽不到一米，两人对行则需侧身而过，桥形为单孔拱桥，玲珑精巧，堪称绝妙。退思园中的三曲桥平卧水面，人行其上如凌波踏步，倒影绰绰，加上紫藤花笼罩其上，营造了一处奇妙情境。三曲桥不远处的天桥，更是退思园的点睛之笔，将桥的功能和优点完美结合，成为江南一绝。

富观桥

鱼米之乡

同里种植水稻的历史已有几千年，在这片肥沃的土地上，有了水的滋润，"粮仓"就永远充实。同里附近碧野千里，良田万顷，盛产稻米、油菜籽，是我国的商品粮基地。这里不乏著名的水稻品种，"陈家稻"、"早白稻"、"鸭嘴黄"、"百日糯"等是其中的代表。水和稻使同里成为典型的"鱼米之乡"。

物产丰富

同里周边的众多湖泊给同里人提供了取之不尽的水产品。仅同里的鱼就有很多种，除了青鱼、草鱼、鲢鱼、鳊鱼、鲤鱼、鲫鱼等常见品种外，还有珍贵的太湖白鱼、银鱼、鳜鱼、鳗鱼、鳝鱼、甲鱼、鲈鱼。流经同里的吴淞江，古称松江，著名的松江鲈鱼就生长在这片水域中。鲈鱼味美自古闻名。晋代吴江的张瀚在外为官，秋风起时，想到家乡的鲈鱼和莼菜，竟弃官而归。这则"莼鲈之思"已成千古佳话，鲈鱼之名也随之传遍天下。松江鲈鱼春末溯流而上，到秋天则重返大海，其肉细嫩洁白，味道鲜美。同里正处

在鲈鱼活动的中心区域，鲈鱼之味，岂能不美。同里的虾蟹更是远近闻名。史书上有这样的记载："介之属，曰虾，产水花园者佳，张遍虾笼，荡湾居民每日在此捞之，清晨棹小舟遍摇市镇，名曰虾笼船。曰蟹，产庞山湖者，色黄，其味更胜于产太湖、汾湖、烂溪者，大而充实"[①]。同里所产的虾蟹质优量大，远销他乡。渔民们每天用虾笼船将活的虾蟹送到苏州、上海等城市，让锁在城中的居民尝到鲜活醇正的水乡佳肴。

水生植物是水偏爱同里人的又一佐证。在同里的河湖港汊中有红菱、茭白、莼菜、荸荠、芡实、莲藕、芋芳、慈菇，都是人们口中的佳品。长于污泥中的白藕，鲜嫩可口，败火

---

① 嘉庆《同里志》卷8"物产"。

生津。可生吃，可清炒，也可在藕孔中塞进糯米煮烂切片后再蘸白糖，均能让人难以忘怀。

"莼鲈之思"中的主角之一莼菜是同里水生植物名品。莼菜又称马蹄草，属睡莲科，其叶浮于水面，叶和茎均可食用。每到春末，是采食莼菜的最佳时节，此时的莼菜被称为"雉尾莼"，叶面尚未张开，用来做汤，柔润嫩滑，随汤入胃，鲜美无比，风味特别，人生第一次吃莼菜时的感觉可能很难用语言形容，但绝对会终身难忘。五六月份之后的莼菜只能称作"丝莼"了，其身价也大打折扣。

鸡头米

"鸡头米"是一种学名叫"芡"的植物种子，又称"芡实"，水乡人民常用它来熬过荒年，但在同里却是待客美味之佳品，有"水中人参"之誉。芡是一种浮于水面的睡莲科植物，叶呈圆盾形，且厚实多皱折，其浆果系海绵质，密生锐刺，高出水面，如公鸡引颈啼鸣状，故称"鸡头"。芡实常作药用，其性味甘平、无毒，能治脾虚泄泻、遗精及带下等症，还可强志益精、聪耳明目、开胃止渴，又是滋补佳品，不负"水中人参"的称号。"鸡头米"早在宋代就被人食用，宋人苏子容称其为"真佳果"。诗人杨万里有诗赞曰：

江妃有诀煮珍珠，
菰饭牛酥软不如。
手劈鸡臆金五色，
盘倾骊颔琲千余"。

明代李时珍在他的著作《本草纲目》中对芡实的性味、主治等也有详细说明。

芡实

同里镇南的庞山湖所产的"鸡头米"性糯、滑爽，称为"池货鸡头"，品质最好。然而在几十年前，"鸡头米"的滋补作用还鲜为人知，其主要作用是作为工业布匹的上浆原料。镇上的贫民，如别无生计，只能靠剪"鸡头"所得糊口。此活相当辛苦，常常是一家人围坐在油灯旁，用桑剪剪开芡实外裹着的一层黑褐色硬壳，取出肉入锅加碱煮沸，再倒入布袋，掺些河砂，放在河埠边的驳岸石上用力搓揉，去掉红翳，冲洗干净后晾干。天明时分，

闵饼

乳白色的"鸡头米"被忙碌一夜的妇女、姑娘们送到南货店出售，以换取极为清苦的生活。一斤"鸡头米"有数千粒之多，劳苦之状可想而知。这种"十指所获，入口悠赖"的凄苦是贫穷之家聊以生存的无奈选择。

随着"鸡头米"食补价值被越来越多的人认识后，芡实的身价也日见飚升。人们剪"鸡头"依然辛苦，但换来的已不是清苦，而是富裕。"鸡头米"也不再用来为布料上浆，而是人们盘中的珍馐。面对这"软温之粒，银瓯浮玉，碧浪沉珠，微度清香，雅有甜味，因天堂间绝妙食品也"，又有几人能拒绝诱惑，不品尝一番呢？因此，每当"鸡头米"上市的时候，同里的"鸡头米"摊总是鳞次栉比，购买"鸡头米"的游客又总是趋之若鹜。"鸡头米"以新鲜时味道最佳，故诗人谢履庄写到：

新剥鸡头珠似玉，轻圆犹带口脂香。
侬家箱子鸡头荡，赢得珍珠一斛量。

对未赶上时节的游客来说，买些干的芡实馈赠亲友或一解思念，也不会留下太多遗憾。

闵　饼

来同里的游客不仅能享受同里丰富物产的美妙，还能品尝同里人用自己的聪明才智创造出来的新地产名品。

同里佳肴以糕里虾仁、香油鳝糊和三丝鱼卷三品最出彩。糕里虾仁是在调匀的蛋白中加入米粉、虾仁，入锅油氽制成，其色泽鲜艳，松香可口，若佐以番茄，则味道更加鲜美。香油鳝糊的主料是鳝丝、火腿丝、鸡丝和虾仁，炒熟后稍加姜丝、酥油、蒜泥，再以沸荤油浇盖。上桌时，撒点胡椒，则香气扑面，入口肥美。三丝鱼卷选用2.5～3千克重的青鱼或草鱼，取雌爿中段，去肚当留皮，卷入火腿丝、鸡丝、香菇丝，并以黄酒、香葱等佐料入笼蒸熟，其肉质细嫩，清香四溢，风味独特。同里佳肴均以当地鲜活水产作主要原料，加上烧炒考究，沿袭已久，深得各方来宾青睐。

在过去的同里，有一种专卖熏腊制品的"熏桶担"很是惹人喜爱。卖熏腊食品的多为移动摊贩，担上的品种非常多，有熏虾、熏鱼、熏肚、五香排骨、酱汁肉、酱鸡、酱鸭、兰花豆等，色香味俱佳，价格便宜，服务周到，面向普通大众。

同里的传统小吃丝毫不输于菜肴，大肉馒头、酒酿饼、麦芽塌饼、青团子、蜜糕、酥油饼等，随季节变化妆扮市场。谷香村的四时茶点、熏鱼及栗酥、果酥等更是广受喜爱。栗酥形似酥糖而略大，以芝麻、饴糖、面粉为原料精工细作而成，香味浓郁，既甜又酥，翻动不松散，入口不粘牙，老少咸宜。果酥的主料是花生仁，花生仁磨成粉末后加糖精制，香甜可口，入口即化，无渣无粒。

麦芽塌饼制作工序十分复杂。其主料是按比例搭配好的粳米粉和麦芽粉，麦芽需在清明节前发好，晒干磨粉。另有俗名叫"紫艾头"和"石灰屏"的两种野生植物作配料，在洗净、晒干、研细煮熟后，拌入和好的粉中。做时将粉包馅捏扁，入笼蒸熟，在每个饼的两面都撒上芝麻后，再入铁制平底锅用油烘煎，待两面熟透，出锅冷却，刷上糖水，方才完工。麦芽塌饼因馅的不同分成多种，常见的有豆沙、猪油、桃仁等馅，也可以根据需要包入其他原料的馅。

无论是名气还是历史，闵饼在同里的特产中都是首屈一指。闵饼，一名苎头饼，又名芽谷饼，是江南自制青团的一种，色泽暗青，光亮细腻，含有丰富的胡萝卜素、维生素和蛋白质，并具有清热解毒、消炎止血等功效。闵饼的制作也很烦琐，需先将闵草用石灰打成汁，拌入糯米粉中揉作饼皮，再用豆沙、桃仁、松仁、猪油等为馅料，入笼屉蒸熟而成。制成的

闵饼清香滑润，入口油而不腻，放置十天半月，风味不变。明代大书画家沈周有诗赞曰：

> 荣萌方长折，作饵糈相仍。
> 香剂圆从范，青膏软出蒸。
> 女工虚郑缟，士宴夺唐绫。
> 我有伤生感，临餐独不胜。[1]

闵饼在同里历史悠久，若从沈周算起也有500年的历史。清代同里闵家的"本堂斋"以世代制作苎头饼闻名，由于闵家"筛串精而蒸煎得法，为同川独步，著名远近"[2]，此饼被称作"闵饼"。闵饼的名声越传越远，连京城的慈禧太后也闻到其香味，要求将其列为贡品，奉献到京城。1928年，同里人在上海的西藏路口开了家"大富贵闵饼公司"，聘请了一闵姓老太做技术指导，闵饼立即在上海受到欢迎。同里作家范烟桥也在上海撰文介绍闵饼，不遗余力地为家乡的产品叫好。但没过多久，公共租界的工部局以卫生不合格为由，吊销了该公司的执照，闵饼在上海的扩张计划就此夭折。这也算是帝国主义和旧中国共同压制民族企业的一桩罪证。

---

① 《苎头饼》，嘉庆《同里志》卷 24 "集诗"。
② 嘉庆《同里志》卷 8 "物产"。

罗星仙境

　　碧波荡漾的同里湖在同里镇的东面，是同里东边的门户。离湖西岸不远处有一小岛，如同一叶扁舟漂荡在同里湖中。由于其处在湖口之地，位置比较特殊，具有风水学上的意义，被称为"水口罗星"。据说它关系到同里镇的经济起落和文脉兴衰。在风水学家们的煽动下，这里成了圣洁之地，誉为"蓬莱仙境"，取名罗星洲。

砥柱中流

　　罗星洲何时被同里人视为神圣之地已不可知，但元代时岛上已建有庙宇。到明代中期，原有寺庙早已废圮，岛上杂草丛生，满目荒芜。明末同里学者陆云祥的《重修罗星洲关帝庙小引》描述到"罗星洲创自胜国，故址已化为白浪"。万历十六年（1588年），里人顾而谋、高僧智修等倡议修建关圣帝君殿、观音大士殿、文昌帝君阁等。以后又几经废兴，直到光绪年间，终成大观。

　　罗星洲距同里镇仅一华里，船从同里镇经东溪桥出港，即能隐约望见洲上全景及山门殿宇。小岛面积5亩，四周有堤岸环绕，虽是弹丸之地，但布局紧凑，设计独特，俨然一派漂渺于烟波之上的人间仙境：红墙黛瓦，楼阁凌空，古树参天，曲径通幽。每当天上下着淅沥小雨，空中烟雾弥漫，笼罩在绿树丛中的小岛便若隐若现，好似虚幻的仙山琼岛，浮动在水面上，形成一幅"烟雨景观"，引人入胜。

　　岛上布局分为两块，北半部的寺庙建筑约占全岛的二分之一，南侧的一半是园林。坐船至罗星洲，首先到达专供船舶停留的石级码头。两边的大榉树已有数百年树龄，巍然挺立，郁郁葱葱，映衬着罗星洲的沧桑和优美。石级码头紧连寺庙山门，山门朝西，面对古镇，门额上悬有"罗星洲"匾额，门两侧为蝴蝶墙，嵌有"蓬莱仙境"砖刻阴文大字，每字由四块方砖拼砌而成，苍劲古朴。跨过山门进入庭院，院侧竖有一高大桅杆，上悬一盏明灯作为航标。院内正面为关帝殿，二进院正中是观音殿，为岛上的主体建筑。观音殿是重檐歇山顶，殿

晨中罗星 (陈建行摄)

宇宏伟，造型壮丽，两侧有偏殿数间。观音殿后建有一座方亭，与前二殿组成北部的中轴线，周围有宽阔的回廊。方亭与同里湖仅一堤之隔，其下有水通向堤内池塘，潺潺水声使人坐亭内如置身于舟楫之中。

南半部的园林以弧形堤岸构成的一泓池水为中心，建筑物沿水池周围布置，包括文昌阁、旱船、斗姆阁、水阁、曲桥、游廊等。处在全岛中部的游廊由西向东，是北部殿宇和南部园林的分界线，也连接和衬托园林中各主要建筑。由于其所处地形较高，能清楚地眺望湖面景色，并可俯视园中的池、桥、楼、阁。

文昌阁面积不大，却是罗星洲的另一主体建筑，共有二层，楼上三面临窗，可以饱览湖光景色。与文昌阁相连的水阁西朝同里，以古镇为"对景"。每当夕阳西下之时，遥望同里，炊烟袅袅，尽现古镇风情。继尔在暮色之中，又能观赏湖面闪动的万家灯火，宛如仙境。走

出水阁，来到旱船，这是一座小巧玲珑的画舫，分为三间，头舱、中舱是游览场所，后舱为厨房，专办素斋，布置精雅。

位于水池东南的斗姆阁，有小桥与堤岸相连，西临同里湖，是全园主要景点。阁分上下两层，四面开窗，可环视四周景色。登楼凭栏远眺，烟波浩淼的同里湖中渔帆点点；同里湖际，则村树依稀，田陌纵横，农舍绰约。

环岛堤岸是罗星洲又一胜迹。罗星洲为一洲屿，湖水的涨落和冲击使小岛大小不定、沙岸坍塌。修筑堤岸后不仅使其得到有效的保护，也改变了罗星洲的面貌。堤岸固定了罗星洲的面积，形成湖中有岛、岛中有池的特殊景观。堤岸上桃柳相间，芦苇丛生，绿树葱茏，野趣盎然。游人漫步其间，但见湖光粼粼，微风扑面。如是夏日，则满池荷花，清香四溢，醺得游人如痴如醉，流连忘返。

罗星洲既然关乎同里的成败兴亡，对各种

20世纪初的罗星洲

神灵自然是恭敬有加。由于罗星洲没有自己的主祭神,各家宗教便汇聚于此,可谓济济一堂。除了关帝庙和观音殿外,后来人们又新建了大雄宝殿、罗汉堂、钟楼等,使得小岛之上,既有菩萨佛祖,又有道君玉皇,甚至民间其他神道也夹杂其间,互不妨碍。每逢聚会,不管是庙会赛会,还是圣诞佛事,谁主谁辅,蜂拥而至的四乡士庶百姓,往往是参了这个阁,又拜那个殿,都得烧香磕头,神灵们则利益均沾。每年一度的"罗天大醮"是罗星洲上最大的祭神活动。农历七月初一到初十,同里及周边的善男信女虔诚地来到洲上的玉皇阁拈香膜拜,祈求福祉。此时的罗星洲便人声鼎沸,热闹非凡。王稼冬先生在《烟雨同里》中提到旧时洲上玉皇阁的"罗天大醮",唱道者大都是昆曲票友,常以"水磨腔"演唱,音节委婉,余音绕梁,十分动听。

尽管兴建各种庙宇仍是从风水上来保证同里的繁荣昌盛,但在酬神的同时,人们更愿意在这亦真亦幻的美景中享受人间快乐。清人王翼曾在外为官十多年,非常怀念年轻时游罗星洲的情景,他在《重修罗星洲关圣祠记》中描述到:

犹忆往岁家居,每逢神诞之期,从父兄之后一棹湖中,登洲谒庙,旨酒欣欣,俎豆苹苹,工祝告虔,歌舞娱神。里中人士跻跻揖让,淳风奂然。既而饮酒将归,相与陟□文昌之高阁,凭栏纵目,则见夫晴波浩渺,青畴绮错,与夫村落相望,千家烟火。顾而乐之,辄流连不忍去。①

罗星听雨

"罗星听雨"是历史上同里二十景之一,在文人的笔下多有描绘,广为传播。雨声处处皆有,而罗星雨声为人们所钟情就在于罗星洲独

---

① 嘉庆《同里志》卷23"集文"。

特的环境衬托和多种雨声的合音。罗星洲孤悬水中，每当雨至，湖上烟波弥漫，波涛起伏，茫茫一片。近岸的芦苇在风中摇曳，置身其中仿佛与世隔绝，万物俱寂，惟有风雨之声。在这种背景下听雨，当然有特别的感受。在罗星洲，雨的大小和听雨的位置会有不同的效果。同样的哗哗雨水，落入芦苇里则窸窸窣窣，落在芭蕉上就噼哩叭啦，而落在瓦片上、池塘中甚至窗棂上又各不相同。不同的雨声疏疏密密、轻轻重重，犹如美妙的音乐在孤岛上萦绕。而当狂风大雨袭来之时，风声、雨声、浪涛声汹涌澎湃，好像莅临惊心动魄的古战场，感受到千军万马在奔腾搏杀。在罗星洲听雨，有时会感到不是用耳，而是用心去听。当如丝细雨轻轻降落，湖面、池塘中并未出声，但在这雾雨朦胧、酥润无声的氛围中，人们却能听到如烟轻歌。当然，个人背景不同、心情相异，听雨的效果也自然相去甚远。

在方亭上听雨，最能体会罗星洲的飘泊摇荡的意境。方亭外临湖、内倚池，下有潺潺流水，人坐亭上如在小舟之中。如有风雨而至，就可以听到波浪拍击堤岸声、风刮芦苇树木声、雨点敲打水面声，此起彼伏，合奏成美妙的乐章。加上树摇草舞、波涛涌动，方亭恰似在湖面之上飘浮行进。

罗星洲的另一胜景则是赏荷。每年的农历六月二十四日是荷花生日，附近的人都到罗星洲上观赏荷花。洲上池塘内广植莲藕，夏季荷花盛开，则满池青翠、芙蓉点点。而池畔的水阁、旱船、曲桥、回廊是赏荷的最佳场所。人们在此品茗清谈，吟诗作词，感受荷花的清高与芳香。赏荷之余，或登斗姆阁，或泛舟同里湖，观看同里湖的风帆晴澜。有人雇来被称为"无锡快"的大型画舫，停泊在树影柳荫之下，饮茶品景。更有一些青年男女放棹至湖中弄舟，如《竹枝词》中的"郎心如橹侬如水，一唱一和到白头"，幸福的笑容与绽开的荷花融为一体。

作为名胜的罗星洲自然也是文人雅集之处，赞美诗文层出不穷。诗人柳亚子是罗星洲的常客。1925年夏天，为迎接新一轮革命高潮的到来，柳亚子到洲上开会并赏荷，见荷花池中有白莲一枝，想起清代白莲教起义军女英雄王聪儿，遂作诗《罗星洲题壁》。

一蒲团地现楼台，秋水兼葭足溯回。
猛忆船山诗句好，白莲都为美人开。

诗人形象地描绘了罗星洲的湖光山色，抒发了自己的豪情壮志。

金松岑对罗星洲更是情有独钟。他的五言长诗《罗星洲》充分表达了他对小洲的热爱和欣赏，但他更用行动倾注了对罗星洲的关爱。

1923年，他在里中发起募捐，得银元两千多，对罗星洲上的涵虚楼、关帝殿、观音殿、魁星阁、芦亭、旱船及长廊、柳堤、荷花池等修葺一新，使罗星洲的面貌大为改观。

重塑罗星

罗星洲虽然供奉了众多神灵，但也避免不了坍塌和劫难。1938年4月，一支百余人的国民党军便衣队向驻扎在同里的日军发动袭击，得手后安然撤退。日军追击未成，便迁怒于罗星洲上的葱郁树木，下令焚烧。在那个令人窒息的黄昏，同里湖上浓烟滚滚，烈焰腾升，五百多年的"蓬莱仙境"毁于一夕。成为焦土的罗星洲房屋坍塌、树木毁坏，在湖水的冲刷下，面积不断萎缩，解放时仅存不足一亩的土墩，只有禽鸟在此栖息。人们对这琼岛仙山的回忆和向往只能留在心里。1996年4月，同里镇人民政府决定重建罗星洲，经过两年的努力，小洲又重新漂浮在绿水蓝天之间。1998年4月，在遭日本军队焚毁后60周年之际，罗星洲正式对外开放。新建的罗星洲面积扩大到20亩，洲上的庙宇楼阁全部恢复，还增添了一些新的景点。

尽管罗星洲的各类建筑已重获新生，但原来古树参天、郁郁葱葱的面貌一时还难以复原。百年古树和桃红柳绿不可能在几年中形成，致命的伤口需假以时日慢慢愈合。但是我们不能忘记受伤的耻辱，1998年5月8日，同里镇人民政府在罗星洲的观音寺与花园门之间，设立了《罗星洲雪耻碑》，以供后人警醒。碑文如下：

> 罗星洲当同里湖口，砥柱中流，因像罗星，故名"罗星洲"。始于元代，明万历戊子（公元1588年）里人捐金修建。累石筑基，环以外堤，植以榆柳，建庙祠，圣代有名僧主持，列入同里后续四景之一，被誉为"蓬莱仙境"，为同里一大胜迹。一九三八年农历四月十三日，侵华日军登上罗星洲，以有藏匿抗日志士之嫌，纵火焚烧，使五百多年胜迹顿时化为焦土。半个多世纪来，洲基因风浪搏击日趋陆沉。星移斗转，日月轮回，值此罗星洲被毁六十周年之际，为恢复古镇历史文化遗存，再现昔日风采，为教育后代毋忘国耻，弘扬爱国主义精神，镇人民政府顺应全镇人民愿望，重建罗星洲，兹立碑为记。铭曰：日军一炬可怜焦土，国运昌隆光华重现。

同里的文化与同里古镇一样深远悠长。如果说水是同里的灵魂，那么，文化则是这座古镇的精髓，是同里古镇赖以生存和扬名的基础，是催生同里万种风情的春风雨露。众多的名人骚客，丰富的群众活动，精致的园林艺术，独特的民居宅院，无一不是文化凝结的硕果，充分体现了同里浓郁的人文环境。

文脉悠长

尊师重教

同里文化的繁盛与同里人重视教育密不可分。自范仲淹在苏州开办府学以后,江南的教育蔚然成风。同里早期的正规教育依赖于相距不远的苏州。南宋时,苏州的书院迅速发展,很快给同里带来硕果,同里的士人在科场中崭露锋芒,以后又在科举考试中不断地斩获。到清末废除科举时,同里共出状元1人,进士42人,文武举人90余名。一座小镇,有这么多的人科第登榜,在全国范围内实属罕见,即使在人文荟萃的江南地区也仅有极少数古镇能与之比肩,其至少说明了同里的教育水平和文化氛围非同一般。

同川书院

同里的兴教之风由来已久,但最早的学校起于何时已不可考。据《同里志》卷3"学校"所载,封建时代同里镇的学校有义学、社学、书院三种。设在慧日忏院的义学是其中较早的一座。

慧日忏院是同里最重要的寺庙之一,始建于北宋淳祐年间,历代多次修葺和增建,明嘉靖时改为"报功名宦祠",祭祀明代知县以上对吴江有功的各级官员。崇祯时回归为寺院,清朝沿袭。在中国古代,借寺院读书或办学非常普遍,寺院环境清静优雅,屋宇宽敞,是学习的理想场所。同里初办学校,以寺院为校舍完全在情理之中。

同里社学始建于距今511年的弘治五年(1492年),当时的吴江知县金洪利用罢废的同里税科局旧址改建。弘治八年春,一批博士、诸生和当地的仕宦名流在知县的带领下,为同里社学举行了盛大的落成仪式。同里税科局在同里征税,严重影响了同里工商业的发展,以至于"川舟断行,市肆昼闭,公私交病"①。金洪

---

① 史鉴:《同里学社记》,《同里志》卷23"集文"。

罢除税局，改建学校，深得民心。可惜的是，同里社学只延续了三朝，到嘉靖年间就被废弃。实际上，同里不乏饱学之士，他们家学渊源流长，延师教授子弟，培养出一批批文人墨客，并吸引了倪瓒、姚广孝、董其昌、沈德潜等名流志士寓居同里，其中的倪瓒、沈德潜还开馆施教，带动了同里的学术活动和教育的发展。

随着同里的发展，依附于寺院的义学已不能容纳当地要求学习的学生，"同里义塾，旧藉萧寺数椽，局促来学难容"，学校的规模必须更新扩大。

清乾隆十二年（1747年），在吴江县令的主持下，建起了同川书院，设立了独立的校园。书院聘请同里孝廉顾陶元为教师，并称其品学兼优，定不负众望。书院占地3亩，有房20间，建成后在热心教育的地方开明绅士的支持下，又多次修整，成为吴江地区著名书院之一。

从《同里志》所附的"同里全镇图"和"同川书院图"可知，同川书院位于同里北部的状元街旁，离商业闹市区较远，环境优雅，是理想的学习场所。书院为一封闭的两进院落，内敛的大门给人以沉静、稳重的感觉。大门内的前院是学子们活动娱乐的地方，后院是书院重心所在，四面有房屋环绕。正院的左边为生活区，也是一相对独立的别院，有边门方便出入。

三个相对独立的区域功能分明，将学生的学习、娱乐和生活各自分开，统筹安排。整座建筑在布局上又浑然一体，庄重大方，充分反映了同里人重视教育和文化的传统。

新式学校

正式的学校教育使同里的人才更盛，涌现出一批在政治、教育、文化等社会各方面杰出的人物，如沈桂芬、陆恢、金松岑、陈去病。

清朝末年，"百日维新"重视教育的思想迅速传播，国内新式书院已初露端倪，中国人

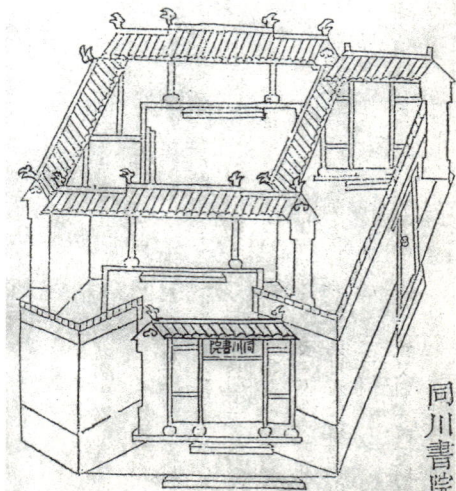

同川书院

开始理性地接纳西方文化和西方的教育模式。清朝政府在国内外形势的逼迫下，于1902年颁布《钦定学堂章程》，下令各地书院改制为学堂，创设我国的新式学校。同里各级人士闻风而动，兴学之风盛况空前。光绪二十五年（1899年），同川自治学社成立，由金松岑主持校政。三年之后，同川自治学社分为初等和高等两级，其中的初等部学制五年，是吴江县最早的现代新式小学。

据同里教育研究会为同里学生编写的教材《同里乡土志》记载，20世纪20年代，同里已有各类学校12所，包括女子中学、县立高等学校、区立及私立国民学校，就学人数达七八百人。人们熟悉的除著名的同川小学外，还有泰来小学、二铭小学和丽则女学。冯英子先生曾在同里住了五六年，从1922年起在二铭小学读书。我们可以从他的《同里杂忆》一文①了解当时学校各方面的情况。

二铭小学是私立学校，校长费质夫主要负责"修身"课，每天下午给三、四年级的学生念《幼学琼林》和《古文观止》，有时也给学生讲《说岳全传》《海公大红袍》等，灌输"修身齐家治国平天下"的思想。实际上费校长是一个民主主义革命者，在北伐军到同里之前，他就与他们有联系，暗中通报同里的形势，北伐军抵达同里后，他显得特别高兴。费校长非常和蔼可亲，特别喜欢学生，即使同学围着他拔他的白发，他也是乐呵呵的。他时常带着各类糖果，分给每个同学。这样通达、随和的校长，真是学校和学生之大幸。二铭小学开设的课程还有国文、英文、体操和图画等，课程设置已相当新潮，是新式教育最明显的体现。二铭小学开办以后面临的最大困难是经费问题。由于学校是费校长独力承办的，并且对于一些穷苦家庭的学生只收半费，因而学校的经费格外紧张。费校长主要通过两种办法筹款：一是请求吴江县教育局的补助，二是将学校改成临时剧场，请草台班来演出，筹集款项。每当演出时，学校只能放假，学生乘此看些免费演出，聊以补偿无课可上的缺憾。由此看来，尽管当时学校如雨后春笋，教育成果也非常显著，但多数学校在惨淡经营，甚至难以为继。

丽则女学

我国新式学校的设置之始仅限于男子教育，女子教育的禁区尚未触及。但在西方社会的影响下，女子上学已是大势所趋。早期的女

---

① 吕锦华等：《在水一方——名人笔下的同里》，人民文学出版社，1999年。

丽则女学教学楼

学创设道路也是维新人士艰难地走出来的。1898年，在梁启超、经元善的积极筹划下，我国第一所女子学校——"经正女学"在上海创立。1902年，近代教育先驱蔡元培先生在上海又开设了"爱国女校"。上海的女子在全国率先冲破伦理所编织的罗网，接受先进知识文化的洗礼。与上海在经济文化上的密切联系使女子上学之风气很快传到同里。光绪三十年（1904年），金松岑创建了同里的第一所女子学校——明华女学。学校就建在章家浜金家。当年2月出版的《女子世界》第二期上刊有《明华女学章程》，对该校的性质、学制、招收对象及规模都有详细的说明。其第一条称"本学收八岁以上、十五岁以下之女子三十人，授以普通学科，三年卒业"。明华女学课程设置非常合理，开设的有国文、修身、初级历史、小说、初级算学、初级物理、唱歌、体操等九门，基本涵盖了现代学校所有的课程，而小说课则更具前瞻性和探索性。

退思园的第二代主人任传薪在同里创设的"丽则女学"，是江南地区颇有声望的女子学校，影响深远。

任传薪（1887～1962年），字味知，是同川自治学社的早期受惠者，并在这里与后来的著名诗人柳亚子成为同学，两人志趣相投，同时加入了中国教育会同里支部，并一起编印过《自治报》（后改名为《复报》），宣传反清思想。在同川自治学社学习期间，任传薪受陈去病、金松岑等同里精英爱国思想的影响，认为教育是中国由贫穷到富强的必经之路，有致力于发展中国教育事业的崇高理想，并走上了"教育救国"的道路。任传薪认为，在中国的教育中，女子教育尤其落后，是我国传统社会的一大弊端。女子只有获得近代知识，才能取得在经济上的独立和与男性平等的参政权利，进而能够真正具备独立的人格，走向社会，发挥她们的聪明才智，为人类做出更大的贡献。

1906年2月，19岁的任传薪在母亲的支持下开办了"丽则女学"，成为他实现"教育救国"道路上的第一块"试验田"。丽则女学初创时期十分艰难，但任传薪先生丝毫没有降低办学的条件。他毁家兴学，将祖传的退思园东部宽敞明亮的退思草堂、琴房、旱船、桂花厅等处作为教室，坐春望月楼作为寄宿师生的宿舍，同时兴建了图书室、自然实验室、音乐室、小工厂及操场。丽则女学不仅设施在当时堪称先进，设备也归于一流。学校的图书馆里有任传薪购置的大量图书，甚至还有精装《大英百科全书》一套，大型钢琴一架、电影放映机一部、全套自然实验仪器仪表、动植物标本图样等一应俱全，这些放在当时的任何学校中都是标志性的。

美丽的校园和一流的设施、设备为办学奠定了良好的基础，但任传薪先生并不因此而满足。为了学习西方国家先进的办学经验和获得更多人的支持，丽则女学开办不久，他就将校务暂时委托母亲管理，自己与柳亚子、任守梅等进入上海健行公学继续学习，后又求学于上海震旦大学。1907年，任传薪先生自费赴德国、日本等国考察教育。回国后多次在吴江、同里就其访欧、访日所了解的国际上女子教育情况进行演讲，呼吁全社会都来关心和支持女子上学和女学兴办。与此同时，任传薪先生以高薪聘请各地名师来校任教，极大地提高了学校尤其是师范班的教学质量。在受聘的教师中，竟有著名国学大师钱基博、袁桐荪及书法家钱祖翼、作家范烟桥等。

西方之行，开拓了任先生的办学思路。回国不久，他就在丽则女学开设了艺术专修科，发展艺术教育。1909年，丽则女学创设师范本科班，以高小毕业生为招收对象，为社会培养女性师资。丽则女学师范班的建立和管理非常规范，当时的上海《东方杂志》曾载文介绍丽则女学，称其所设的师范班一切教科"悉照日本女子师范章程办理"，这显然凝结了任先生的访日成果。新的办学理念和名师的加盟，使丽则女学声名鹊起，成为附近地区女子上学的理想场所，就连文化底蕴浓厚的松陵、黎里、周庄、震泽等古镇"女童，也担簦负笈而来"。1915年秋，办了两期的师范班停办，任传薪先生又开设了丽则女子中学，使丽则女学高小部毕业的学生可以直接升入中学，丽则女学成为吴江地区惟一一所同时拥有小学和中学的女子学校。学校规模的扩大带来了入学人数的骤增，扩展校区成为当务之急。任传薪先生再次康慨解囊，征得紧靠退思园东边的刘姓地基，"耗银计八千三百"，建造了三层的教学大楼。次年11月，时任北京政府教育总长的傅增湘在新教学大楼落成之际，亲自为学校题写了"诚勤朴爱"的四字校训，以勉励莘莘学子，并勒石于大楼正门之上的墙体中。试想，一个处在动乱时期的乡镇学校，能得到教育总长的垂青，足见它在当时的影响力。

丽则女学的教学大楼是当时同里惟一的中西合璧建筑，在相当长的时间内也是同里的标志性建筑之一。淡红色的大楼由清水砖垒砌而成，底楼的拱形门柱走廊、二楼白石膏护栏的长阳台、花纹楼窗配条木地板以及平顶泥幔天花板，都显示出其非凡的气质和别样的风格。当时在学校任教的钱基博先生所撰写的《校宇记》中描述说，教学大楼"高矗云霄中"，"足以激发学子之志气，资登览以自广壮观哉！"如今，环绕在绿树丛中的教学大楼已走过了近90年的历程，门上方的砖雕花纹已斑驳脱落，岁月的沧桑清晰可见，但丽则女学从来没有停下教书育人的步伐，朗朗书声中送走了一代代知识青年，培养出一批批国家栋梁。解放后，在丽则女学旧址建立了同里镇中心小学，最近小学校也已迁走，成为中国古代性文化博物馆展馆的一部分。丽则女学的原校门、教学大楼和"五月九日国耻纪念碑"于1995年被列为江苏省第四批省级文物保护单位，成为同里文化教育发展的象征和悠长文脉的里程碑。

丽则女学的众多学子没有让任先生的心血白流，给了社会丰厚的回报。1915年，该校学生的绣品在巴拿马赛会上荣获银奖，使学校声名大振，大大提升了丽则女学的社会影响。而1909至1915年的两届师范班为当地培养了大批的合格教师，她们中的部分人成为本县乃至附近地区学校的教育骨干，还有一部分人则走出同里、吴江，到上海、南京、苏州等继续学习，被造就成我国近代第一批女科技文化人才和教育人才。那一段时期，丽则女学的影响已超越吴江、苏州，成为江南名校。1921年，上海世界书局出版发行的《新时代国文大观——全国学校成绩》，代表了20世纪20年代国内中学生作文的最高水平。在其收集的200余篇作品中，就有丽则女子中学薛元雁、叶芳祚等8人的14篇优秀文章。其实，丽则女学的创办和发展远远超越了一所学校存在的价值。读书是几千年来多少妇女的梦想，但在封建礼教和传统思想的压迫下，妇女不可能接受学校教育，只有极少数书香门第家庭中的女子才有机会接触书籍。即使在20世纪初，新的教育思想已经为部分人所接受，女子上学不再被社会排斥，但由于招收女学生的学校少，且大多集中在大中城市，女子上学，特别是乡村女子上学仍是可望而不可及的事。丽则女学办在乡镇，既冲破了封建思想对女子上学的束缚，也给相对偏僻的乡村女子带来了受正规教育的机会。妇女受教育对社会的意义甚至超过男子，母亲对孩子的影响是不可替代的，在家庭和教育方面的作用则更加突出。丽则女学不仅为社会培养了大批人才，也为当地塑造了很多新型母亲，她们为思想解放和社会进步默默地作出贡献。作为近代女子教育史上的一朵奇葩，丽则女学在教育上的真正意义大大超出了人才培养的范畴。当然，能拥有后来成为世界文化遗产的校园，丽则女学的学生几乎是天下最幸福的学生。

丽则女学的辉煌成就也使任传薪先生得到了社会的广泛认可。1916年的《吴江县教育月刊》第15号称任传薪"学识甚富，见地独高"，他所创建的"私立丽则女学规模宏大，学子众多，历年捐资已达万金以上，为全县独一无二之人。所办师范及甲种，造就女子师资，亦能济市乡女学之用，直接女界受福，间接地方得益。牺牲无限之精神、财力，尽力于私立学校自是教育界有名人"。作为对任传薪先生办学成就的表彰，中央政府以大总统名义给他颁发了八等嘉禾奖章。①

国耻纪念碑

丽则女学不仅传授给学生科学文化知识，还培养学生高尚的爱国主义情操，国耻纪念碑正是丽则女学学生爱国主义精神的结晶。

在同里镇中心小学校园内，原丽则女学教学大楼前有一座直立地面、形似利箭的纪念碑，这是1915年丽则女学师生为反对日本帝国主义和袁世凯签订的二十一条不平等条约、誓雪国耻而建立的。

第一次世界大战爆发以后，日本帝国主义趁西方列强忙于相互争斗，无暇顾及东方之

---

① 严品华：《明珠璀璨——同里历代名人选》，同里旅游发展总公司编印，1999年。

际，企图独霸中国。1915年，日本向窃国大盗袁世凯提出了旨在灭亡中国的"二十一条"。正做着皇帝美梦、寻求列强支持的袁世凯在日本人的威逼利诱下，不顾全国人民的反对，于5月9日在丧权辱国的"二十一条"上签字，把中国推向灭亡的边缘。

"二十一条"签订后，立即引起全国人民的强烈反对。在外求学的丽则女学毕业生很快将这一卖国事件电告母校。消息传到丽则女学的当晚，全校师生就在陈家牌楼的一座大厅内召开"誓死反对'二十一条'大会"。主持大会的是师范班班主席殷同薇，她在一番演说后，咬破手指，在白手绢上血书"誓雪国耻"四个字，将会议气氛推向高潮。一百多名参加大会的师生义愤填膺，高呼"打倒日帝"、"严惩袁贼"等口号，并纷纷登台慷慨陈词，历数日本帝国主义侵略中国的无耻行径和袁世凯卖国求荣的滔天罪行。很多在场师生们也咬破手指，将"卧薪尝胆"、"雪洗国耻"等誓言写在白绢或条幅上，表示她们的爱国决心。大会决定，全体师生将投身于反对"二十一条"的爱国行动中，并自筹款项，立碑明耻。第二天，丽则女学的师生在同里的主要街道上举行示威游行，宣传抵制日货，呼吁民众反对日本侵略中国。

袁世凯的卖国行径引起了全国规模的抗议浪潮，人们把袁世凯在"二十一条"上签字的

五月九日国耻纪念碑

5月9日定为国耻日，丽则女学师生便将明耻碑定名为"五月九日国耻纪念之碑"。在丽则女学大规模爱国行动后不久，明耻碑就在女学校园内矗立起来。纪念碑以石为材，造型独特，寓意深刻，顶端呈"圭"形，像一把立于大地的利剑直刺苍穹，表达了师生们反对侵略、严惩国贼的决心。碑高175厘米，宽40.5厘米，厚16.5厘米，正面写着"五月九日国耻纪念碑"，反面刻有碑文。碑文由钱基博撰写，著名女书法家、秋瑾的生前好友吴芝瑛手书。碑文如下：

　　任立吴江丽则女校殷同薇等百四十人同立

　　　　　国耻纪念碑

　　　　　　　无锡钱基博撰文

　　　　　　　桐城吴芝瑛写石

　　　唯中华民国四年五月七日，东人不德，实启戎心，要盟是利，以蔑我宗邦，为号五，为件二十有一。我国人无拳无勇，亦既爱和平而薄武力，相忍为国，越三日诺焉。于是诸姑姊妹耻之，乃买石置础于校之南方，颜曰"五月九日国耻纪念之碑"，以明耻也。夫知耻近勇，君子以为难，况弱女子乎？呜呼！可以风矣。抑吾闻之也，土耳其贵主塞基氏，皇之妹也，作嫔于巴耐农典亲王。巴尔干之役，亲王总戎焉，再战再北。主以大戚，日夜跽神祝战胜。乃琢木为花，砌成花圈，用火燔焉。意盖祈国势之隆炽，炎炎如火也。即火炽弥烈，光彻霄汉，主奋身投火中，扬手言曰，"天不祚土，男子执干戈卫社稷者，亦既不能发愤蹈难，继绳我皇祖之武烈，用固疆圉。予虽妇人，私心实耻之。今不恤牺予身，以祀大神，庶其天鉴。予忧厉战阵无勇者，而奋其虢忿。"卒燔以死。呜乎！人亦有言曰，嫠不恤其纬，而忧宗周之陨为将及焉。兹者强邻不戢，日蹙国百里。岂唯吾党二三子之耻，抑亦诸姑姊妹之忧也。往者斯巴达妇人逢战争时，辄以盾与爱儿，曰，"以此尸敌而归，否则尸汝而归。"呜乎！此斯巴达之所以地方不逾百里，而兵无敌于天下者也。唯诸姑姊妹实图利之。

　　　　　　　　金匮杨文卿镌

从碑文中不难看出，丽则的师生首先表明对日本侵略者的不齿和对袁世凯卖国行为的痛恨，并立下此石碑以明耻。继而提出愿仿效历史上土耳其皇妹塞基氏以身蹈火唤醒士兵为国奋勇杀敌，像古希腊斯巴达城邦的母亲那样嘱咐爱儿为国出战，非胜即亡，在国家危难之际，挺身而出。

此后，"五月九日国耻纪念碑"成为丽则女学精神的象征，伴随着女校学生们一起成长。1938年春天同里沦陷后，丽则女学被日本侵略军占作军营。为了避免纪念碑遭日本人的毁坏，无名爱国师生冒着生命危险将其掩埋地下，保护起来。但长达十多年的乱世和人事变迁，纪念碑的真实下落竟无从寻觅。直到1980年春，丽则女学原址上建立起来的同里中心小学的师生，在整修校园的劳动中意外地发现了这块藏于地下几十年的国耻纪念碑，将这段历史重新展现在世人面前。

同里人民为了保护好这一代表同里人民光荣历史传统的珍贵文物，于1982年将纪念碑重新竖立在原丽则女学教学大楼的前面，并建起一座"雪耻亭"，为其遮挡风雨。在纪念碑重见天日之后，时年83岁的殷同薇专程回到同里拜访，激动之情不减当年。如今，纪念碑背面的文字已模糊不清，但它所凝聚的丽则女学师生们豪壮的爱国热情丝毫没有退减，当地群众把它作为最好的爱国主义教育素材，来来往往的游客也通过瞻仰纪念碑得到心灵的净化。

薛 凤 昌

薛凤昌一生都致力于教育事业，他用生命捍卫了民族尊严，是同里人世世代代的样板教材。

生于1876年的薛凤昌原名蛰龙，字砚耕，号公侠。作为清朝的秀才，他却很早投身于新式教育，于1904年执教于同川自治学社，并主持理化传习所。由于他略懂日语，协助金松岑翻译了在近代中国具有较大影响的日本激进自由主义者宫崎寅藏的《三十三年落花梦》。1912年与费伯埙等人创办吴江中学，并担任首任校长。此后的一段时间里，薛凤昌以教学和文献整理来充实生活，曾与陈去病、柳亚子等人组织"吴江文献保存会"，整理、研究吴江地方文献，并先后任教于省立无锡师范和上海光华大学。

如果继续这样的生活，薛凤昌将仅仅是学术上的一代宗师，但是日本人的枪炮改变了他的命运。日本军队侵占了被称作"孤岛"的上海租界后，他和顾怀素、薛天游、陈旭旦、严玉成等人从租界返回同里，在庞家祠堂创办了同文中学并被推为校长。学校开办时，设有初中、高中6个班，约100多名学生。

此时的薛凤昌显示出他作为一个爱国教育家所独有的精神。在日本帝国主义的枪口下，他坚决抵制奴化教育，拒绝使用伪教育部门指定的课本；国文选自《古文观止》；代数、几何、英语、物理、化学等采用战前开明书局出版的课本。他亲自教授国文课，深入浅出地给学生讲难懂的古文，把枯燥无味的"读经"上得生动活泼，利用文章中涉及的历史典故阐发古人的政治思想和主张，教导学生如何做人，并在学生中公开谴责日本侵略中国的丑恶行径，宣称日本侵占中国不会长久。由于同文中学其他教师也都学有所长，教学质量非常高，附近慕名而来的学生陡然增加，校址由庞家祠堂迁到了同川小学旧址。

同文中学日益扩大的影响引起了日本人的注意，他们向薛凤昌提出两个办学要求：一是将学校由私立改为公立，接受伪教育局的管理；二是立即停止英语教学，改授日语，并由日方派日籍教员来校任教。尽管薛凤昌喜好日语，但他深知，同意日本人的条件就意味着学校失去独立的姿态和精神，成为日本侵略者的附庸，这与他的办学目的截然相反。因此，无论日伪怎样逼迫，他就是不接受。

恼羞成怒的日本侵略者终于将魔爪伸向了薛凤昌。1943年11月15日，日本宪兵队闯入学校，将薛凤昌挟持至吴江，以思想有问题对他实施审讯，企图通过威胁让他就范。第二天，日寇将他放回去，让他继续思考在办学方面和日本人合作的问题。一个月过去了，日本人仍然没有得到他们想要的东西，再次伸出了毒手。12月15日清晨，自称是宪兵队特工的汉奸沈补生、陈锡华等人闯入薛凤昌家，用黑布蒙住他的头，再次押送至吴江，并抄了薛凤昌的家。两天后，日寇再次抄家，并袭击了薛凤昌的办公室，都没有找到他们所需要的"证据"。面对已被控制的薛凤昌，日本人这次增加了胃口，除了要求接受先前的两个条件外，还要他劝降与自己熟识的抗日英雄周石泓。日本人再次失望，他们等来的是沉默。日寇便施以酷刑，换来的是薛凤昌的绝食。日本人唆使狼狗扑咬薛凤昌，坚贞不屈的薛凤昌终于在被捕后的第九天殉难于狱中。

遇难后，薛凤昌的遗体被运回同里，他骨瘦如柴，遍体鳞伤，失去了小拇指，可见生前他承受了多大的痛苦和折磨。他口张目睁，既是对日寇惨无人道行径的无声控诉，也是想看到他坚信的日寇灭亡那一天的到来。薛凤昌用他的生命和尊严给同文中学的师生上了一堂永世难忘的人生教育课。他的殉职也是同里人文精神的最好写照。

薛凤昌一生兴趣广泛，除了精通国学外，还对史地、理化、水利、金石、碑帖进行过研究，喜欢收藏图书，书法以楷书见长，同时还是谜坛高手。他的著作有《龚定庵年谱》《钱牧斋全集》《松陵文集》《语石考证》《吴江文献保存会书目》《邃汉斋碑帖目》《淳化阁帖萃编》《游庠录》《籍底拾残》及谜学专著《邃汉斋谜话》等。

文化繁荣

耕读传家是同里人的优良传统。在浓郁的文化氛围中，书读多了，就会有自己的想法，著书立说则是水到渠成的事。从有关资料记载看，同里的第一本著作是北宋谢绛的《谢希深文集》。此后，同里文人的才思如山间泉水，喷涌不止。据本人对嘉庆《同里志》所载书目进行的统计，到嘉庆十六年（1811年）同里共有164名作者著书348部，其中明代及其以前的作者有53人，著作102部。其实，同里人的著作远不止这些，有在岁月的流淌中消散的，所谓"撰述诸书，自宋迄今，里中世家所藏，十存一二"①，也有因搜集手段欠缺而漏收的，如计成的《园冶》就未被收入，更不包括冥居文人在同里的著述。在存留的这些著作中，既有宏篇巨著，也有精悍小集，著述涉及的范围更是经史子集，四部俱全，其中不乏传世精品，有十余种被收入我国最大的丛书——《四库全书》中。

著书立说

在众多的古代作者中，有些人学识渊博，著述丰富，自成一家，在某些方面具有重要贡献，如莫旦、朱鹤龄、任大任等。

莫旦，字景周，号鲈乡，是古代同里著述最多的人之一。他从小勤奋好学，博闻强记，擅长诗文，成化元年（1465年）中举人，入太学学习，以《明一统赋》《贤关赋》成名，被举荐为官，历任浙江新昌训导、南京国学监学正。但上任不久，莫旦就厌恶官场习气，辞职归乡，潜心著述。莫旦的主要贡献是地方志的编撰，他考论掌故，搜集旧闻，用了30多年的时间，编成了《吴江志》《吴江续志》《松陵志》，

---

① 嘉庆《同里志》卷22"书目"。

对吴江地区的历史沿革、社会经济、风俗文化作了最全面的研究。此外，他还编写了《新昌》《石湖》二志，撰写了《明一统赋补》《学业须知》《贞孝录》《鲈乡集》等著作。

近现代同里人在著述方面丝毫不逊于他们的前辈。据子清先生的不完全统计[①]：清朝124人著作254部（包括女性作者8人）；民国时期19人著作139部；建国后65人著作212部（截止1996年8月）。加上清代以前的著述，同里共有作者259人，著作705部。这个数据当然有缺漏，但就这样一个数字也已十分惊人，恕我寡闻，真不知道江南还有几个乡镇能有如此众多的文人著作。

在同里的著作中，有一部分是对前人著述的整理，从而保留了大量的历史资料，如叶茵的《编甫里集》就是对唐代诗人陆龟蒙文稿的编辑整理。这一传统的延续到了明代终于结出硕果——梁时充任《永乐大典》的副总裁。

梁时，字用行，明朝初年人，少年时博学多才，文章以豪放见长。梁时虽生于豪富之家，但毫无纨绔之风，最爱读书写字，有《噫余集》存世。明太祖时因受党祸株连，家被抄没，只得离乡出走，在长洲一带以讲学为生。洪武二十一年（1388年），梁时因擅长书法被授予岷府纪善，永乐年间进入翰林院，参加《永乐大典》的编修，并充当副总裁，协助解缙工作。《永乐大典》是我国古代最大的类书之一，收有各类图书七八千种，为我国历史上重大的文化建设工程。梁时能充任副总裁，既是对他本人学识和地位的肯定，也是同里深厚文化积淀薰陶的结果。

诗　情

美丽的景色和众多的古迹使人们有了抒发情怀、伤感凭吊的对象，良好的教育和厚重的文化给了人们言情寄志、咏唱山水的能力，二者兼备的同里就成了生产诗人的工厂。历史上同里有多少人会写诗、又有多少人写过诗可能永远也搞不清楚，但把同里称作"诗的王国"绝不会引起任何争议。

从现存史料看，同里最早的诗人是叶茵，他是唐朝著名诗人陆龟蒙的追随者，自然以山水诗见长。叶茵作为隐逸文人，对自然的贪恋和热爱常使他用一颗平常心来审视社会。他的代表作之一《赋顺适堂》中就有"暗触少陵机，茅居峙竹扉。安时贫亦乐，闻道咏而归。凫鹤从长短，鸢鸟自跃飞"之句，表达了他为追求自由发展而甘于贫穷和淡泊的高尚情怀。在他的影响下，同里诗人歌咏的对象大多是湖光山

---

① 子清：《富土同里》，吕锦华等：《在水一方——名人笔下的同里》，人民文学出版社，1999年。

色、四时景物，庞山湖、同里湖、九里湖、罗星洲以及园林宅第经常出现在诗歌的名字中，写就了同里山水诗的最高成就。

用诗歌描述同里整体景色的要数明代的赵重道和吴骥。明代文人对同里的山水形胜进行梳理，定出了前八景和后八景，很多文章诗歌都有对这八景的描写。赵重道的《同川六景词》用"渔家傲"的曲调描写了前八景中的六景："长山岚翠""九里晴澜""林皋春雨""莲浦香风""南市晓烟"和 "西津晚渡"。吴骥歌咏的对象同样是这六景，不过他的题名为《同里六景》，用的是20句的七言长诗。这两组长诗词语优美、场景生动，能让我们在眼前浮现那已失去的美景，在此我们摘录他们各自的《西津晚渡》，与读者共享。

一水襟分城府隔，云帆来去江流急，晚照西斜山衬碧。流光迫，归人唤渡芦花侧。

舟子招招水中立，撑开小棹飞何疾，灯火千门半昏黑。愁恻恻，深闺目断栖林翼。

——赵重道：渔家傲

远陌初穷临渡口，关津恒置官兵守。

一水非遥涉者艰，扁舟常系沙边柳。

① 嘉庆《同里志》卷17"名媛"。

负薪晚过见芫童，荷锄早出知田叟。

戴白垂髫去复回，中流指顾犹回首。

月落江城曙色寒，烟生茅屋斜阳后。

此时归思正匆匆，立断西风待应久。

其旁兰若自昔年，老衲经营今尚有。

危竿播动骇禽飞，败席尘凝容鼠走。

凄凉何用感余怀，陈迹依然名不朽。

却叹锱流日已多，人豪更有昌黎否？

——吴骥

在同里的诗人群中，女性占据着相当大的数量。嘉庆《同里志》"集诗"中，收有顾氏、姚栖霞、汪玉珍等6位女诗人的7首诗作，可谓篇篇精巧，字字玑珠。但这仅仅是同里女性诗人群的冰山一角，所谓"自午梦堂集一出，后之弃针黹而事篇章者益多，然皆深自韬晦，不欲人知，所以，闺阁词华未能数见，即有关名教者，亦复不少而俱湮没不传。"①可见，女性诗人的作品大多秘藏闺房，很少流向社会。同里女诗人由于所处的社会地位和扮演的社会角色与男性区别较大，诗作的特点非常明显，尤其擅长情感描述和细小环境的刻画。姚栖霞的《寒夜不寐口占》颇有李清照的遗风，是一篇难得的佳作。全诗如下：

半庭残雪暮寒生，榻近梅花病亦清。
冷梦未成灯自灭，疏钟画角一声声。

她将漫漫长夜中一位生病的"怨妇"处在清冷凄凉的境况表现得真真切切。诗中妇女的形象在同里具有普遍性，嘉庆《同里志》卷18"贞节"、"节孝"篇中那长长的名单，正是一个个长期在寒夜苦熬的妇女用血泪书写上去的。金氏的《遥夜不寐眷念慈亲》是一位女儿思念母亲的表白，读起来催人泪下。

> 儿病母扶持，病安别母来。
> 所隔惟一水，杳如在天涯。
> 悠悠我心愁，愁向西南隅。
> 恼煞窗外风，故把庭叶吹。
> 吹醒不成梦，灯影空照帷。
> 岂独儿念母，母岂不忆儿。
> 遥知枕函畔，搔首长嗟咨。

在封建礼教的束缚下，嫁出去的女诗人虽然离娘家很近，但却不能随时去看望慈母，思母之情令人断肠。当然，同里的女诗人有的不仅仅是愁肠百结，心中同样有春光明媚。顾氏的七绝《夏日偶吟》毫不逊色于唐代的山水短歌。

千竿修竹绕幽溪，清影萧疏入户低。
好是午馀残梦后，绿阴深处有莺啼。

一幅安宁静谧的午后村舍图景如现眼前。

在同里女诗人中，有多位母女诗人。嫁给同里贡生顾铭的沈瑞玉，本是洞庭山人，其母就以作诗闻名。沈瑞玉自幼学诗，著有《绣馀吟稿》1卷，更令人惊奇的是她的从母也能写诗作文，并为她的诗稿作序。康熙年间，同里还有一位少年天才，她就是殳默。殳默"生而奇慧，七岁通孝经，九岁能诗，年十六，未字，母卒，默愿随，甫三日亦卒"。[1]殳默7岁能诗并非偶然，因为她的父亲殳丹生、母亲陆观莲都是诗人，两人之间经常以诗唱和，是同里文坛上的一段佳话。殳默耳濡目染，9岁就开始写诗，她还"刺绣刀尺，无不入妙，兼工小楷、白描"，是位十足的才女。可惜的是她竟以16岁的花季追随去世的母亲离开人间，一对母女诗人在3天内香消玉陨。殳默的选择不知道是否受到吴江另一才女叶小鸾的影响。明代的叶小鸾被她的研究者（也包括崇拜者）认为是与班昭齐名的中国古代十大才女，甚至是四大才女之一，所居的午梦堂就在同里边的北厍镇。据说她

---

① 嘉庆《同里志》卷17"名媛"。

"四岁能诵《离骚》，十岁能诗，十四岁能弈，十六岁能琴画"，但却在她结婚前五天夭亡，时年17岁。不过叶小鸾对同里女性诗坛有重大影响是毫无疑问的，正是她的《午梦堂集》传到同里后，才让这里的女性纷纷抛弃女红而吟诗作画的。

同里多诗还得益于同里文人之间的酬唱和交往。每当同里举办重大活动或重要工程落成时，都会有众多文人趁机雅集，吟诗作文，抒发情怀。同里的文化和美景吸引着各地学者士人前来学习和观光，诗人间的交往也便随时发生。宋代的杨万里，元朝的王逢、顾瑛，明朝的文征明、姚广孝、沈周，清代的钱谦益、吴伟业、沈德潜等著名诗人都曾到过同里，有的还有作品保留至今。其中，文征明的《阻风宿九里湖》对风雨中同里夜景的描写至今读后仍让人如身临其境：

> 云迥长空断雁呼，
> 水声催岸杂风蒲。
> 扁舟卧听三更雨，
> 一苇难航九里湖。
> 绕榻波涛归梦短，
> 隔林烟火远村孤。
> 人生何必江山险，
> 咫尺离家即畏途。

南社的出现将同里诗坛推向了全国。南社是辛亥革命时期的进步文学团体，由陈去病、高旭、柳亚子等人发起，1909年成立于苏州，其名是取"操南音不忘其旧"之意 "以抗北庭"，反对清王朝专制统治，鼓吹资产阶级民主革命。南社的早期参加者多为同盟会员，集中了当时的时代歌手，掌握了中国南部几乎所有的报刊，被称为"革命宣传部"。其后社员达千余人，流品渐杂。辛亥革命后部分成员参加反对袁世凯的斗争，1923年因内部分化而停止活动。社员所作诗文，辑为《南社丛刻》，共22集。由于南社领导人陈去病、柳亚子均以诗词闻名于世，诗歌成为人们心目中南社的象征。

南社诗文集

陈去病

具有革命精神的南社诗人心境与古代同里诗人已大不一样。包括同里在内的江南小镇中，近代教育已造就了一大批将祖国命运与个人发展相结合的慷慨男女，他们期待着有机会用自己的热血和生命换来民族的生机。诗歌是他们的重要武器，道出了他们的豪言壮语，也道出了他们的远大抱负。陈去病在一次拜访柳亚子后感慨万千，奋笔写到：

梨花村里叩重门，握手相看泪满痕。

故国崎岖多碧血，美人幽咽碎芳魂。

茫茫宙合将安适，耿耿心期只尔论。

此去壮图如可展，一鞭晴旭返中原。

一位革命斗士的万丈豪情，一改江南传统柔弱之风，扫却了隐逸、顺世之气。陈去病以积极的姿态入世，将正气和诗歌融为一体，让人看罢不免热血沸腾。

南社虽然是以苏州古城为中心的文学团体，但江南各古镇对其建立和发展做出了巨大的贡献。同里诗人多，在南社中所起的作用有目共睹。在可查的南社成员名单中，同里籍的就有18位。陈去病是南社的实际盟主，也是著名诗人，他一生追随孙中山，以诗文作武器，率领进步知识分子与清政府和反动势力做斗争，成为文化战场上的旗帜。

南社的另一位重要人物柳亚子虽然非同里籍，但也与同里有着非同寻常的关系。乍提此说，似乎有掠美之嫌。众所周知，柳亚子出生在吴江的另一古镇黎里，他的故居至今仍是黎里最值得炫耀的文化景点。但同里对柳亚子的意义也绝非一般。柳亚子的外婆家住同里，他从小在同里读书，受到金松岑、陈去病等人的影响，走上了文学和革命的道路。在金松岑主持的同川自治学社读书时，柳亚子就与任传薪等学友创办了旨在推翻清朝、光复中华的油印小报——《复报》。后又追随陈去病组织南社，参加了辛亥革命，甚至连名字也仿陈去病改成柳弃疾。可以说同里是柳亚子成长的摇篮，在这里他完成了知识的积累和人生道路的选择。即使走上了全国性的政治舞台，同里仍然是柳亚子经常活动的场所。所以，近代的同里诗坛，不能不提到柳亚子。实际上同里人一直把柳亚子看成是同里的一员，而且是代表性的人物，杨天骥与柳亚子、金松岑、陈去病（字伯儒，伯同柏）被戏称为同里近代的"杨柳松柏"四杰，只是外人更多地知道他与出生地黎里的关系而已。

柳亚子在同里学诗时，有一位与他同案苦读的舅舅，也是同里近代诗坛上一位重要人物。大柳亚子3岁的费仲深更是锋芒毕露，他自幼聪敏，过目不忘，有"神童"之誉。他参加县考、府考，成绩均名列前茅，由此被吴中著名官僚和文人、湖南巡抚吴大澂看中，招为乘龙快婿，并与袁世凯的长子袁克定成了连襟。不知是不是这样深厚的社会关系起了作用，费仲深在辛亥革命时成了肃政厅肃政史。但他并没有给袁世凯面子，在帝制动议之时，便弃官拂袖而归，成为苏州开明绅士。此后他兴办布厂、电厂等民族工业，开设银行以微利贷给贫苦农民，创建吴江红十字会，救灾恤难，深得民众称赞。费仲深最善诗词，与苏州张仲仁先生以诗文相质，人称"两仲"，均是苏州20世纪二三十年代最著名的文人。1935年费仲深去世后，外甥柳亚子收集了他的诗作3000余首编印出版，以他的号书斋命名——《费书斋诗集》）。

画　意

同里的湖光山色、文物古迹既造就了诗人的飘逸与洒脱，也赋予了画家的古朴和率真。"小桥流水江村"给了同里画家取之不竭的创作素材，而良好的人文环境和深厚的文化底蕴是同里画家层出不穷的肥沃土壤。诗情画意相得益彰，共同描绘了同里的优美景色。

同里最早的画家我们已无法追寻，但同里人展现绘画才能的历史却长达几千年。同里遗址的主人早已把花草鱼虫刻画在日常使用的陶器上，技法拙朴但不失真切。

倪瓒的到来是同里画坛上的一件大事。倪瓒，字元镇，号云林子、幻霞子、荆蛮民等，是元朝最著名的画家之一，以水墨山水画见长。元朝末年，社会动荡不安，倪云林卖掉田庐，往来于太湖、泖湖一带，或寄居村舍佛寺之中，作品大量取材于太湖周边的景色，尤其擅长描绘疏林坡岸、浅水遥岑，意境幽淡萧瑟。他来到同里时已名满天下，"诗画清绝，世

人所珍"，同里的士大夫"争延致之"①。以倪
瓒的名气，他的画风和题材对同里画坛产生的
影响是广泛而深远的。

倪瓒之后来同里的大画家要数沈周和文征
明。沈周和他的学生文征明是吴门画派的代表
人物，作品多写江南湖山庭院和文人的悠闲生
活。从留下的诗作可以看出，他们对同里的熟
悉程度和把握状况应当有画作问世。

有了这些名画家的启发，同里的画坛波涛
涌动，名家迭出，仅明清两朝列入《中国美术
家人名辞典》的同里书画名人就达17人之多，
而未收入的书画家还有近百人。

王宠是明代同里成就最大的书画名家。王
宠，字履仁，后更为履吉，号雅宜山人。少年
时与兄长一起在洞庭东山和石湖等地学习，在
博览群书的基础上，书画、文章样样精通。尽
管王宠才华出众，但仕途不畅，8次科第均未
成功，没能取得出身，可能因此影响到了他的
健康，40岁的他在生命高峰时离别了人世。王
宠的作品十分丰富，以画山水见长，随笔点染，
吸收了黄公望、倪瓒水墨画的精髓。字与祝允
明齐名，以拙取巧，婉丽遒逸。所攻篆刻，苍
劲沉稳，与文彭齐名。由于王宠在书画上取得
了巨大的成就，苏州的书画大家文征明、唐伯

虎、祝允明等均与之往来密切，同里的书画有
了一个更好的发展空间。

论同里古代建筑的气势，陈家牌楼当属第
一。陈家在官场上所取得的成就在同里无人能
及。到清代，刚建成的陈家新宅突然遭受灭顶
之灾，气派的新宅连同有名的船坊都卖给了古
镇富商刘家。刘家没能承接陈家的官场鸿运，
却贡献了几个颇有功力的画家。清末的刘子
宣、刘德六、刘继业、刘叔启都是丹青高手，
在苏州享有盛誉。

刘德六在刘家众多画家中成就最高。他
少年师从夏之鼎学画，生平清洁自好，居于红
梨花馆，潜心研习古人书画技巧，终成一家。
刘德六主攻花鸟，对物取形，对花写照，均能
把握其中关键。所画翎毛、草虫、果蔬神形具
备，与原物无异。尤其擅长画细腰蜂，被人们
誉为"刘胡蜂"，与善画乌龟的"翁乌龟"翁
洛齐名。

刘德六在同里画坛上的另一贡献是培养了
吴门画坛的一代宗师陆恢。陆恢（1851～1920
年），字廉夫，号狷叟、廉道人，别署话雨楼
主、客滕轩主人等，是同里画坛的泰斗。陆恢
原名陆友奎，自幼好学上进，曾参加县进学考
试得第一名。获得秀才的他顺利地踏上科举之

---

① 嘉庆《同里志》卷19"流寓"。

路，等待他的将是锦绣前程和光宗耀祖。就在陆友奎踌躇满志时，有人告发他的父亲曾参加太平军，将他的第一名取消，仕进之路被彻底堵塞。在几乎是毁灭性的打击下，陆友奎从此萎靡不振。这次变故，虽使同里少了一位官僚，却多了一位大师。就在陆友奎日渐消沉的时候，老画家刘德六伸出了援助之手，他劝说陆友奎不要太看重科举，人只要努力，在其他方面仍能取得成功，而绘画就是一条走向成功的道路。陆友奎听从劝说后决定拜刘德六为师学画，并改名为恢，表示脱胎换骨，重新做人。

改了名字的陆恢在刘家船舫内的茹古斋开始了丹青生涯，在山水、花鸟、人物等画类上全面发展。在陆恢成长的过程中，陶奎、任预、严承德等对他都有教诲之恩，使陆恢在书法、篆刻上都大有进展，专攻汉隶并自成一家。

任预的出现不仅对陆恢影响重大，也是同里书画领域的一大幸事。任预，号立凡，与其父任熊、叔任薰、兄任颐（字伯年）合称"四任"，是清代后期最有影响的书画家族。任家不仅家学源远流长，书画冠绝一时，而且交往广泛，学生众多。任立凡中年之时，应任兰生、任艾生兄弟的邀请，参加了退思园的设计并寓居同里。

陆恢虽然在书画上已臻成熟，但生活仍陷于窘境。为生活所迫，陆恢来到苏州，在玄庙观卖画，使他获得了又一个发展的机会。一天，吴大澂路过三清殿，看到陆恢的画大为欣赏，称300年来无此作。此后，陆恢成为吴大澂的幕僚，在吴府看到收藏的历代书画名家的墨迹，大大开拓了眼界。他还随吴大澂游遍三湘、辽东等地的名川大山，在秀丽的笔法中加进了沧桑遒劲，代表作《衡山记游图》等近10幅正是在此期间完成的。甲午战争之后，陆恢随吴大澂回到苏州，并与吴大澂、吴昌硕、王同愈等书画名家雅集于怡园，成立怡园画社，首开吴门书画结社，对画坛影响巨大。

陆恢还是著名的书画教育家。他的学生很多，结成了一个庞大的师承谱系。沈塘、沈麟、陈摩、樊浩霖等是其中的皎皎者。再传弟子中有管一德、刘叔启、张辛稼、程小青、吴作人等，都是吴门画派的风云人物。

陆恢之后，同里书画仍旧群星闪耀。进入《辞海》、《中国美术家名人辞典》等书籍的同里人有20多名，其中的陈去病、金松岑、杨天骥、叶与仁、薛凤昌等具有全国性的知名度。

创办报刊

在没有互联网、电视、广播的时代，报刊几乎是人们惟一的信息源和最主要的舆论阵地。办报刊历来是大地方的事，在当时尚属新鲜事物，但不是政治、经济、文化中心的同里却把报刊办得丰富多彩、生机勃勃，甚至空前绝后。

范烟桥与《吴江》报

同里最早的报纸是 1905 年柳亚子等人油印的小报《复报》，该报旨在推翻清朝统治，光复中华，主要在学生中流传。而正式铅印报纸则是此后不久范烟桥创办的《同言报》，并在国内外发行。1912 年，范烟桥等人所办的《同南》杂志发行于六省一市，并历时 10 年之久。此后，同里先后有 10 多种杂志和众多报纸刊行于世。较著名的报刊有《同里导报》《同川学会杂志》《同里日报》《生活》《同里民众月刊》《好友》《罗星洲报》等。

同里报业兴旺的重要原因之一是办报者均是国内著名学者，柳亚子、叶楚伧、范烟桥、张圣瑜等都参与办报。但由于社会动荡、人事变动和办报的经费问题，有些报纸如浮云朝露，旋生旋灭。到 1921 年，吴江和同里原先的很多报纸已在大浪淘沙中作古，舆论界也趋于沉闷，人们需要新的思想阵地，《吴江》报的诞生正好填补了这个空缺。

《吴江》报的主要创办人是范烟桥（1894～1967 年）。范烟桥是近代同里文化战线上的经典标本。他学名范镛，字味韶，号烟桥，别署含凉生、鸥夷、万年桥、愁城侠客等。通常的头衔是著名作家，但他职业涉及的范围包括教师、编辑、官员等。作为作家，他完全不负"著名"二字，小说、电影、诗词、笔记、方志、小品文、弹词无不通谙，仅电影剧本就有《乱世英雄》《西厢记》《三笑》《秦淮人家》《无花果》《解语花》等。他还善书画，工行草，写扇册，绘图寄意十分精雅。说他是同里的文化标本，指他的文化苦旅是同里知识分子典型的成功之路。1907 年，范烟桥入同川公学，师从金松岑学习文、史、地、小说。1910 年毕业后因慕"南社"文采风流，与友人结成"同南社"，并与张圣瑜等创办《元旦》作为社刊。"同南社"规模迅速扩大，入社者有500多人，社刊《元旦》先后易名《惜阴》《同言》，刊载社员诗词文章，并改用铅字排印，成为吴江最早的铅印报刊。"同南社"的影响令"南社"不得不刮目相看，柳亚子亲自出面，将范烟桥召至"南社"麾下。

此后一段时间，范烟桥在家乡多个学校担任教员。1921年初，在同里创办《吴江》报，以写作编辑为生。1928年起，先后在持志大学和东吴大学及其附中任教。1936年与影剧界结合，在明星影片公司进行剧本创作，多有成果奉献。抗日战争爆发后，电影公司被日伪控制，范烟桥与不甘奴役的同仁一起辞职。1938年，他加盟新创办的《文汇报》，担任秘书和编辑，并主编《文汇画报》和《新纪元》周刊。在《文汇报》被迫停刊期间，他以教书、写作为生。1947年以后和建国初期，他在家乡和苏州任教。1955年，他担任苏州市文化处处长，离开教职，并先后被推为江苏省文联副主席和苏州市文管会副主任，为苏州博物馆的筹建和地方文化事业的发展作出重要贡献。

范烟桥的一生经历复杂，多才多艺，著作丰厚。《吴江》报的创办是他报人事业的高峰。1921年底，他联合鲁雪蕉、严玉成等人，提出创办以广开言路、活跃思想、抨击黑暗、改革社会为宗旨的新报纸，得到社会的广泛响应。次年元旦，《吴江》报以8开4版的式样在同里正式出版创刊号。

《吴江》报主要栏目有"本县要闻""内外大事""评论小言"。评论是该报的点睛之笔，每逢重大节日和事件，都有当时名人执笔进行评论，以正视听，引导舆论。如徐因在1926年国庆撰写的"双十节志感"一文，对当时中国的列强欺凌、军阀混战、物价飞涨、民不聊生的局面进行了无情揭露。该报由邮局递寄发行，以吴江县内为主，外埠主要在上海、苏州等地。由于《吴江》报的经费来源稳定，质量上乘，影响越来越大，出版周期也由半月刊改至旬刊、周刊。1926年底，范烟桥受聘于济南的《新鲁日报》，报社业务便交由其弟范菊高接办，报纸逐渐走向衰落。北伐战争波及到吴江后，因交通阻断，于民国十六年（1927年）4月3日宣布停刊。《吴江》报历时5年多，共出版231期，被认为是"吴江县创办较早，影响深远，时间最长的一张颇有特色的地方小报"。①

---

① 解根生：《范烟桥创办的〈吴江〉报》，《苏州史志资料选辑》1988年第2期。

严宝礼与《文汇报》

同里人并不满足在同里办报，他们创办报刊的才能迅速在外域发扬光大、名声显赫。任独早在1902年于上海创办了《通学报》，是我国最早的英语学习杂志。1904年，陈去病、汪笑侬、柳亚子、吴梅等在上海创办了我国最早的戏剧杂志——《二十世纪大舞台》，鼓吹"改革恶习，开通民智，提倡民族主义，唤起国家思想"。而严宝礼创办于1938年的《文汇报》是我国至今历史最久、影响最大的报纸之一。

严宝礼（1900～1960年），字问聘，号保厘，出身在同里三元桥边的严氏家族，幼年出

严宝礼故居

嗣家在上海的四叔，读书至1920年，辍学后进入沪宁、沪杭甬铁路局总稽核室工作，以运算敏捷精确著称。上世纪30年代初期，严宝礼创设集美广告社，承办路牌广告，业务日益发达，由此而结交了许多工商界和新闻界的朋友。"八·一三"战争爆发后，铁路交通瘫痪，广告业务也停顿，严宝礼被遣散，经济收入中断。与此同时，上海报业也遭重创，《救亡时报》、《立报》等宣传抗战的报纸已先期停刊；《申报》和《大公报》（上海版）拒绝日本侵略者对新闻界的控制，自动停刊；《新闻报》《时报》《大晚报》虽在日本人的刺刀下委曲求全，但报社中有正义感的郭步陶、余空成、邵宗汉等毅然退出，报纸质量大受影响，上海人民难以听到抗战的真实消息。

在通过经商解决生活困难失败后，严宝礼决定走比他年纪还大的外甥范烟桥走过的办报之路。由于洋商的华文报纸可免受日方检查，1938年1月25日创刊的新报定名为《文汇报》，英国商人克明挂名任发行人总主笔，实际负责人是身为总经理的严宝礼。

《文汇报》的创业道路非常艰难。在集得1万元资金后，又得到《大公报》原经理李子宽的支持，租用了该报因停刊而空闲的经理部、编辑室、工厂部及一应设备，办报的条件基本完备。应时而生的《文汇报》以鲜明的爱

国抗日立场，报道抗日战场上的战斗真相，揭露敌伪罪行和投降派的阴谋诡计，宣传抗日战争必胜的理念。《文汇报》知人善任，聘请严初延、胡惠生为编辑主任，储玉坤为主笔，原《救亡日报》的编委柯灵主持副刊。此后，徐铸成、王文彬、许君远、费彝民、邵伯南、胡传枢等相继进入编辑部工作，范烟桥参与报业管理。明确的目标和精悍的队伍使《文汇报》迅速崛起，创办仅几个月，发行量就达6万份，超过了老牌的《新闻报》，成为"孤岛"上海最畅销的报纸。

《文汇报》的抗日宣传冒着巨大风险，遭到敌人的仇视。敌人曾向福州路报社投掷手榴弹，造成员工1死2伤。后又不断投寄恐吓信，送来死人手臂、毒汁水果，甚至炸机器房。但严宝礼和报社同仁众志成城，严密防范，始终保持爱国和抗日救亡的立场。他还利用报纸发起捐募寒衣代金，发给逃难到"孤岛"的各地难民，帮助困难学生继续读书。《文汇报》在读者中的卓著声誉也引起了国民党当局的垂涎，国民党中宣部、孔祥熙、宋子文及CC系分别派人与严宝礼接洽，许以巨资，企图控制《文汇报》为己所用。但严宝礼不为所动，拒绝了各方面的诱惑，仍保持着爱国民间报纸的本色和独立的精神。1939年5月，租界里的洋商报为坚持抗日统一战线，维护蒋介

严宝礼

石抗战领袖的形象，发表了蒋介石的《告全国同胞书》，触怒了日本侵略者，《文汇报》、《导报》等四家英商报纸被罚停刊两星期。日伪又用重金收买《文汇报》的挂名发行人克明，迫使该报停刊。

从《文汇报》停刊到抗战胜利前的6年间，严宝礼以经商为掩护，并挂名国民党中宣部东南办事处专员，往返于上海和屯溪之间，与内地互通信息，为《文汇报》的复刊做准备。然而，日本人并没有忘记对《文汇报》的继续迫害。1945年春，日本宪兵队对上海文化界进行了一次大逮捕，《文汇报》的重要人物严宝礼、柯灵、费彝民、储玉坤等均未幸免，被囚禁在宪兵队，遭受严刑拷打，后经营救出狱。

抗战胜利后，严宝礼和柯灵获得"胜利勋章"的荣誉，《文汇报》也重现生机。在克服了缺乏资金、场地等一系列困难后，严宝礼和柯灵四处奔波，请来了宦乡、陈虞荪、徐铸成等名家学者一起办报，针对当时形势，鲜明地举起了反内战、反独裁、争民主的旗帜，向读者真实地反映第三次国内战争的情况，揭露国民党当局一手策划和挑动反人民内战的企图，成为国统区最重要的人民喉舌。1947年5月，《文汇报》连续以大量篇幅报道上海及全国各地爱国学生反内战、反饥饿、反迫害运动的真相，触怒了国民党最高当局，由淞沪警备司令部下令对《文汇报》《联合晚报》《新民报》三家报纸进行搜查，非法逮捕记者。由于严宝礼拒绝接受国民党的复刊条件，《文汇报》再次被迫停刊。

《文汇报》在大陆再遭停刊后，严宝礼等人开始筹划到香港办报。1948年春，徐铸成先去香港筹办，严宝礼取得经济上的支持后，陆续将编辑、工厂职工和排字设备送往香港。同年9月9日，香港《文汇报》创刊，并得到中共文化战线上的领导人潘汉年、茅盾、夏衍和民主人士李济深、郭沫若、柳亚子等人和各方面的支持，成为香港同胞和海外侨胞了解祖国解放战争状况的主渠道。

1949年5月上海解放，《文汇报》再度在上海复刊，严宝礼任管理委员会副主任兼总经理。通过改造，《文汇报》明确读者群体，深受知识分子和教育界人士的欢迎。严宝礼为办好报纸，勤于学习，勇于改造，终因积劳成疾，于1960年在上海病逝，年仅60岁。

严宝礼在上海办报，同样凝聚着同里仁人志士的心血。陈去病、金松岑、柳亚子、王绍鳌、凌景埏、钱祖翼、金如式等都给予他多方面的支持，范烟桥更是一度出任《文汇报》的秘书，帮助母舅度过了初创时的艰难时光。

在同里的最南端，有一座占地5亩的严家花园，人称环翠山庄，是严宝礼在同里的故居。清同治年间，同里画家严友兰在此建宅，园内广植翠竹、桂花、山茶等，环屋宇皆翠色，因而得名。严友兰善画花卉，又精书法。而其子严三和甚得家传，学成山水、花鸟。后来他专工墨梅墨兰，在画室四周植梅，画室变成了"梅坞"，自号"梅坞居士"。环翠山庄以荷花池为中心，八角亭、船厅、梅花馆、梅花台、花厅等环绕四周。池上有曲桥、独步桥。独步桥小巧玲珑，长仅5尺，堪与苏州网狮园的引静桥相媲美。

戏剧舞台

　　同里是个大舞台，各式人物在此尽情演出，留下了一个个辉煌人生。在同里镇的中心，有一个真实的大舞台，这里经常有各种演出。戏里戏外，真实与梦想交融，是同里文化多样性的又一表现。

堂名与宣卷

　　同里的民间娱乐形式多种多样，人们在闲暇时间里多数是自娱自乐，但堂名和宣卷的演出，就必须由具有专业水准的艺人来担当。

　　堂名是当时豪门权贵在婚丧喜庆时渲染气氛时用的演奏班子，一般由七八个人组成。演奏前搭一座戏台，四周镶以雕花木板，装饰着彩灯和流苏，看上去像一张很大的老式木床。演唱时演员们围坐在台内，根据分工各司其职，有的演唱，有的奏乐，有的拍曲。由于表演以渲染气氛为主，所以表演技巧的要求不是很重要，关键是演员要投入，要有激情。后来为了适应迎亲、送丧的需要，由演奏班子里抽出几个年轻演员跟着沿途吹打，成为一种仪仗队，多为6个人一班，由于演员多为年轻人，甚至是娃娃，因此被人称作小堂名。

　　上世纪20世纪初，在同里的漆字圩有一个唱堂名的班子，叫凤鸣堂。凤鸣堂里有一班小堂名，是堂名的学徒。由于凤鸣班的小堂名不足6人，作家冯英子小时经常去凑数，在吃穿之外每天还能得到300文的酬金。尽管他不会演奏任何乐器，但因能跟着节拍敲磬子就让他参加了多年的演出。凤鸣堂的活动范围不仅仅局限于同里，接到外地的生意，就租一条有篷的小船，带上坐人的戏台和各种乐器去当地演出。冯英子作为凤鸣堂的小堂名，跑遍了同里周围的小镇。凤鸣堂到外地演出时，经常坐船行进在九里湖、庞山湖一带，遇上风高浪急，随时都有船破落水的危险，但为谋生，演员们不得不提心吊胆地在密布的水网中穿梭于各镇之间。

　　有些豪富之家为了显示实力，常常请多个堂名班子共同演出。各班之间往往相互炫耀，尽显其能，演出现场成了堂名班子比武的擂台，那些身怀绝技的演员便倍受青睐。演出结

戏台

果是多方受益：雇主收到了热闹的效果；围观的群众大饱了眼福；竭尽全力的演出班子也挣得了自己应有的地位和声誉。

宣卷是流传于江浙一带的古老曲种，全称为宣讲宝卷，渊源于唐代的"俗讲"、宋朝的"谈经"，是由佛事活动演变而成的一种民间说唱艺术，在民众中具有广泛的影响力。宣卷的题材多为佛教故事和劝世经文，宣扬因果报应，元明时题材扩大到神话故事，清代则以民间故事和历史题材为主。宣卷演出以说唱为主，由两人在台上说唱，一把二胡、一架扬琴组成的丝弦乐队在一旁伴奏，相对于堂名，其行头则简单得多。

20世纪前期，文化发展、经济繁荣的同里也带来宣卷的兴旺。"同里十三班"是同里宣卷演出事业兴盛的一个表征，宣卷艺人最多时有近百位，其中的许维钧、汪昌贤、郑天霖、顾昌树是江南地区的宣卷名家。宣卷演出虽然有很强的专业性，但多数演员仍不离乡土，他们农忙种田，农闲宣讲。演出时租一条小船，游弋于纵横交错的水网之中，在村头、田头、场头、屋头，只要有黎民百姓，演员们就会撒下欢声笑语。宣卷艺术经过长期发展，已形成一些知名曲调，如《风筝误》《佛祁调》《炉香调》《哭五更》《打夯调》等，从中不难看出其题材中民间传说和乡土生活的踪影。抗战时期，同里受到战争的冲击，宣卷活动大为减少。解放初期，由于宣卷故事中迷信色彩太浓，不符合当时社会文化事业的需要，很多艺人便转业流入其他专业团体，这种艺术形式逐渐销声匿迹。

如今，同里为了弘扬传统文化，已重新开发宣卷艺术。新一代的宣卷艺人在原有曲调的基础上进行改革，唱腔中加入了锡剧、申曲、滩簧等剧种的韵味，演唱时委婉细腻、声情并茂，如黄鹂啭鸣、乳燕呢喃，使人感到耳目一新，别树一帜。当你走进茶楼时，台上演出的兴许正是宣卷：男主角手敲木鱼，女主角击打磬铃，有说有唱，说时如泣如诉、层层深入，唱时悠扬婉转、惊心动魄，告诉你的正是一个传承千年的古老故事。

陈去病与戏剧改革

提到陈去病，人们首先想到的是革命斗士、爱国诗人。实际上，陈去病一生多才多艺，戏剧创作和戏剧改革是他丰富人生的重要组成部分。

早期的陈去病面对内忧外患的艰辛社会，认为戏剧界是专以猎奇和色情歌舞相号召的，一片乌烟瘴气。自从结识了著名京剧演员汪笑侬以后他便逐步改变了看法，转而成了戏剧的改革者和创作者。1904年，陈去病在上海任《警钟日报》编辑时，观看了汪笑侬根据《波兰衰亡史》改编并自演的《瓜种兰因》。这是京剧界最早的一部外国戏，以波兰战败割地赔款求和一事影射清政府。陈去病看后意识到，戏剧的直观性和广泛性容易为各阶层尤其是不识字的劳苦群众所接受。汪笑侬的另一部戏《桃花扇》所揭露的是南明王朝矛盾重重的腐败政治，再次引起了陈去病的强烈共鸣，他用诗歌"久无人复说明亡，何意相逢在剧场，最是令侬凄绝处，一声断肠哭先皇"说明他的感受，并决定利用戏剧这一特殊的形式和手段进行社会宣传。很快，他就将《瓜种兰因》剧本在《警钟日报》他主编的栏目中连载，还联合汪笑侬、熊文通等集资招股，在1904年10月创办了我国最早的戏剧杂志——《二十世纪大舞台》。

《二十世纪大舞台》虽由蔡元培挂名，实际操办人却是陈去病，编辑和主要撰稿人中有汪笑侬、刘师培、汪允中、柳亚子、吴梅等著名学者和剧作家。该刊辟有图画、论著、传记、传奇、班本、小说、丛谈、诙谐、文苑、歌谣、批评、纪事等栏目，内容颇为丰富。《二十世纪大舞台》以针砭时弊、谴责腐败为宗旨，为推翻清王朝作舆论宣传。第一期上就登有寰镜庐人的反清作品《鬼怜寒》、异秋的《新上海》等，而静闇的《安乐窝》一剧，竟然在慈禧太后执政的情况下，敢于以丑女扮演慈禧，并在戏中写有后来天下闻名的讽刺慈禧70寿辰的寿联：

> 今日幸颐园，明日幸南海，何时再幸古长安？亿兆民膏血全枯，只为一人歌庆有
>
> 五十割交趾，六十割台湾，而今又割东三省，四万里封圻日蹙，欣逢圣寿祝疆无

陈去病在《二十世纪大舞台》和《警钟日报》上以垂虹老人、佩忍、醒狮等笔名发表了多篇文章和剧本，阐发自己的戏剧改革思想。《论戏剧之有益》是其戏剧理论代表作，评价了戏剧的社会地位和教育作用，指出戏剧改革应从剧目题材、内容和表演三方面努力，呼吁革命志士投身戏剧改革中。他的剧本《金谷香》以安徽人万福华在上海金谷香菜馆枪击卖国贼王之春的新闻为线索，痛斥了满清的黑暗和卖国贼的无耻。在陈去病的组织和领导下，众多的革命志士和戏剧改革家通力合作，编演大量新戏，并活跃在上海的戏剧舞台上。这次戏剧改革的规模和内容都比前一次以梁启超为首的资产阶级维新派进行的戏剧改革要广泛、深刻得多，影响波及全国乃至海外。

但是，陈去病在上海的活动很快招至清朝政府的镇压。1905年3月，还没来得及印出的

第3期《二十世纪大舞台》和《警钟日报》均遭查封，工作人员被逮捕。陈去病恰巧不在上海，幸免于难。1909年"南社"成立后，他继续推行戏剧改革，一批描写外国资产阶级革命、宣传民主革命和妇女解放的作品被先后搬上舞台。部分南社成员的戏剧创作热情高涨，戏剧家吴梅编写了《血花飞传奇》《风洞山传奇》《轩亭血》《暖香楼》等20来个新剧，南社成员叶楚伧有《落花梦》，冯春航、陆子美有《血泪碑》和《恨海》问世，欧阳予倩、李叔同等则大量引进外国新兴话剧，并自编自演了《黑奴吁天录》《热血》《社会钟》《猛回头》等众多剧目。著名文学评论家郑振铎评价说，这个时期的戏剧"皆激昂慷慨，血泪交流，为民族文学之伟著，亦政治剧曲之丰碑"。[1]

陈去病的戏剧改革也很快在同里开花结果。同里本是我国昆曲的故乡之一，自清咸丰以来，就建有"遏云集"剧社，并保持着良好的戏剧传统。任连城自日本留学归来后，参加过我国最早的新剧团体"春柳社"，受陈去病的影响，他在家乡同里组建了"桐花社"，并配合形势上演了《皇帝梦》，直指袁世凯恢复帝制、倒退复辟的丑恶行径。此剧公演后，轰动了吴江。任连城也因此成为我国新剧的奠基人之一。

《珍珠塔》

同里的陈家牌楼里究竟藏有多少秘密谁也说不清楚。牌楼后面那些大大小小的房子，与厅堂相互连接，曲径通幽，无数的故事在那长长黑黑的弄堂里随着历史一起埋没。但有一个秘密却穿透了弄堂，在阳光下被人们加工放大，成了江南地区妇孺皆知的故事，那就是《珍珠塔》。

由于《珍珠塔》的原始作者已不可考，在其故事情节越显清晰的同时，其产生的背景却相当模糊。这也给人们带来疑问：《珍珠塔》是否是陈家的故事？王稼冬先生通过对前人成果的总结和考证，认为长篇弹词《珍珠塔》中的信息足以证明其所述就取材于陈家：一是陈王道和夫人方氏与弹词中的两个主要姓氏相符，而弹词中陈御史名"琏"字极像"王道"二字的合体；二是弹词中的两个地名"白云庵"和"九松亭"均在同里附近；三是弹词中的故事发生在"河南"和"湖北"，分别暗指陈、方二姓居住的同里镇居九里湖之南和小厢村位于同里湖之北。[2]

---

① 徐宏慧：《中国近代戏剧改革的先驱者——陈去病》，《吴江文史资料》第20辑，2003年12月。

② 王稼冬：《弹词〈珍珠塔〉故事调查》，《同里故土文化杂说》同里旅游发展总公司编，2001年2月。

《珍珠塔》的故事起于公子落难：明代河南祥符县有个叫方卿的秀才，父亲被奸臣害死，家又遭火焚，厄运连连的他只能和母亲住在坟堂里。一天，母亲杨氏命他到湖北襄阳探望姑母方氏，恰逢姑父陈培德寿辰，陈家高朋满座。姑母见方卿衣衫褴褛，怕在宾客前有失娘家体面，遂对其百般奚落，逼其离开。但表姐陈翠娥不满母亲的做法，派婢女采苹请方卿到后花园相会，代母赔罪并以银钱相赠，方卿不接受。翠娥又以献干点心给舅母为名，将珍珠塔暗藏其中，方卿不知就里，携带而归。当方卿走到九松亭时，被闻讯赶来的陈培德追上，陈欲请回方卿，但方坚决不愿回去受辱。陈培德遂指亭为媒，将女儿翠娥许以为妻。方卿在归途中遇到盗贼邱六桥，包裹被抢，身无分文，差点冻死在雪中。时湖广提督军门毕云显路过，救方卿一命，并带至南昌，毕母又将女儿绣金许配方卿为妻。杨氏不见儿归，一路要饭寻找到襄阳，听说儿子被害，投河自尽。白云庵尼姑静芳救起方母，留在庵中。邱六桥将抢来的珍珠塔拿到陈家当铺质钱，被陈培德发觉，陈回家询问女儿，翠娥担忧方卿并积郁成疾。翠娥去白云庵烧香，遇到杨氏，遂和采苹经常去庵中照顾舅母。毕绣金也因路过白云庵烧香，保佑婆母平安，巧遇杨氏，杨氏方知儿子无恙。方卿时来运转，考中状元后，官授七省巡按查盘监察御史，并被准假完婚。到襄阳后，方卿化装成道人，以唱道情数说姑母嫌贫爱富，并入庵迎接母亲，与陈翠娥、毕绣金、采苹成婚，一家大团圆。

这是一个典型的才子佳人故事，尽管传本较多，人物和情节有一些出入，但都沿着公子落难、小姐暗许终身、贵人相助、金榜题名、全家团聚这条主线展开。《珍珠塔》故事情节，表现的是中国人大团圆的喜剧情结，因而是同里这枚古代文化标本的重要内涵。《珍珠塔》的原始创作应始于同里，作为说唱文学，至少在乾隆年间已经形成。经过数代说唱艺人的传唱和整理加工，特别是咸丰、道光年间的马春帆、马如飞父子的努力，具有关子紧、唱词多、文词雅等特点，在江南地区广为流传，是苏州评弹的经典曲目之一。

弹词《珍珠塔》在吸收了其他剧种长处的基础上，对其进行了改编和加工。民国初年，无锡滩簧艺人袁仁仪在上海推出新编锡剧《珍珠塔》，引起轰动。VB美国胜利唱机公司随即录制《无锡·滩簧》唱片，成为无锡滩簧的首张唱片。1962年，香港文华影片公司又将《珍珠塔》拍摄成电影。

园林胜迹

园林是建筑皇冠上的明珠，苏州园林又代表着中国园林建筑的最高成就。同里的精华是园林，因为同里有中国古代园林艺术理论集大成者——计成，有世界顶级园林——退思园。同里在园林建筑方面有如此高的成就有多方面的原因，同里浓厚的文化底蕴，接受苏州园林文化的影响和园林建筑者人人精心工作是同里人摘取园林建筑明珠的坚实基础。

计成与《园冶》

中国园林已有几千年的历史，经过历代造园工匠们的努力，到了明朝已臻成熟。然而，中国的造园技术只是师徒相传，由于门派和地域的限制，各地的园林建筑技术缺少很好的交流，使得古代一些保留下来的经典园林因为战争及其他灾害而毁灭，一些园林工匠们的心血和经验也随着历史的更新而埋没。因此，需要一本总结园林建筑技术的著作就显得十分必要。明朝末年，同里人计成就把这一需要变成了现实，他总结自己的造园经验，吸收前人的造园成就，综合各种造园技术，写下了世界第一部，也是我国古代惟一一部园林建筑的理论著作——《园冶》。

造园大师

计成生于1582年，字无否，号否道人。自幼喜爱艺术，尤其对书画情有独钟，并小有成就。在同里的会川桥边，他度过了清贫而又充满憧憬的童年。少年时，他在吴江县治松陵镇做书僮，书僮的生活平淡而清苦，但他却利用这个机会继续学习，奠定知识基础。成年后，他开始了幕僚生活。在跟随主人东奔西忙的过程中，他先后到过北京、湖南、湖北、江西等地，游览了祖国的山光水色和名胜古迹，特别是各地的园林建筑给他留下了深刻的印象，丰富和拓展了他的艺术想象空间。计成学识渊博，为人大度高雅，阮大铖称其"无否人最质直，臆绝灵奇，侬气客习，对之而尽。所为诗画，甚如其人。"[①] 1621年，40岁的计成定居于镇江，开始了他园林艺术事业的实践。

计成造园出名源于一次"多嘴"。一天，他

---

① 阮大铖：《冶叙》，陈植等：《园冶注释》，中国建筑工业出版社，1988年。

在一片竹林中看见几个人将一堆山石叠砌得不伦不类，景致全无，便在一旁提出建议。在场的人见他说得有理，就请他来指挥。计成充分运用其山水画的创作经验，根据这些石块的脉理，将假山堆得雄伟奇巧，人人称赞。从此，计成造园叠石的名声在镇江传开。不久，江西参政吴玄请计成到常州为他造东第园，这是一座袖珍园林，整个游程仅400步，但吴玄自称"江南之胜，惟我独收矣"。仪征的汪士衡听说后，也请计成为自己营造花园住宅，名为西园。西园的营造非常成功，成为仪征的骄傲。《仪征县志》是这样描述的，西园"在新济桥，中书汪机置。园内高岩曲水，极亭台之胜，名公题咏甚多"。由此可见，一介书生终于以他的纯熟的造园技术博得众多社会名流的青睐。

《园冶》

计成的造园活动取得了极大的成功，但他还没有意识到进行理论总结的重要性。1631年，汪士衡的一位朋友郑元勋参观汪氏园林后，对计成的造园技艺大为赞赏，鼓励计成将自己的造园经验整理成文字，以供世人参考。计成立即动手，把他多年的造园经验和对园林艺术的认识以及当时江南地区园林建筑的成就融合起来，写成了《园牧》3卷。郑元勋看完

计成

初稿，觉得用《园冶》作书名更为合适，并提出了一些修改意见。计成对原稿再进行整理修改，正式命名为《园冶》。

《园冶》一书虽不是鸿篇巨制，但对园林的各个方面却有建设性的认识。计成认为，园林建筑与一般建筑不同，其贵在"有异宜，无成法"，建造园林要根据园林所处的环境因地制宜，该亭则亭，当榭则榭，不能生搬硬套别人的模式，否则弄巧成拙。计成对于园林的设计者最为重视，认为园林建设的好坏，主要取决于设计者的水平，再好的工匠只能将园林某个局部做得精致，但不能把握园林的整体布局。他还主张营造园林，要将"园"和"画"

融为一体，将静态事物和动态环境结合起来。书中详细探讨了如何相地、立基、造屋、铺地、掇山、选石、借景等具体问题。特别是"掇山"一篇，被论者认为是书中最精华的部分，其分别对园山、厅山、阁山、书房山、池山、内室山、峭壁山进行分析，指出了园林不同部位叠山的目的及其体现的效果。全书还配有235幅插图，将窗、门、栏杆、漏砖墙等园林建筑中的不同构件准确地勾画出来，使用者一目了然。

《园冶》虽然是我国古代最杰出的园林建筑著作，科技史上的一朵奇葩，但却有着非同寻常的命运。《园冶》写作期间，当时任光禄寺卿的阮大铖也游览了汪士衡的西园，他对西园是大加赞赏，并因此结识了计成。在看完计成的《园冶》后，他认为此书值得推广，主动为该书作序，又请安徽人刘召手刻，使《园冶》得以在崇祯七年（1634年）刊印。应当说，此书得以顺利的出版，阮大铖做了突出的贡献。然而，阮大铖是魏忠贤"阉党"的党徒，魏忠贤倒台后阮大铖被罢官。南明政权建立后，阮大铖东山再起，与马士英等人把持朝政，干了很多坏事，并在弘光政权灭亡时投靠了满清政府，以至身后声名狼藉，为世人所不齿。正因为阮大铖为此书作序，使该书在刊印发行后不久被列为禁书，

乃至有清一代几乎无人提及此书，最终在中国失传。

虽然《园冶》的巨大成就在中国的传播暂时中断，然而在世界其他地区却广为流传。《园冶》被传到西欧、北欧和日本，受到这些地区人们的重视，有英文、日文译本流行。1931年前后，董康与朱启钤先后从日本获得《园冶》残本，经整理补充后，在中国重新刊行，使这部园林瑰宝得以重见天日。

《园冶》在中国的复活是我国科学文化史上又一出"墙内开花墙外香"的典型事例，它折射出清代文化专制思想与我国知识社会中黑暗势力对科学技术文化事业的摧残。计成所处的明代末期社会形势纷繁复杂，以阮大铖的社会地位及活动范围和能力，他所接触的人物是非常广泛的，且并不完全是为他的政治斗争而罗织党羽。计成只是一介书生，兼以建造园林为特长，并未卷入明末官场政治的是是非非。阮大铖与他的交往是处在一种不平等的状态之中，计成在这场交往中没有多少选择的余地，况且他与阮大铖的接触完全是因为热爱园林艺术而走到了一起。把学术上的交流与政治斗争无原则地结合在一起，是造成《园冶》厄运的祸根，也是中国众多文化冤狱的渊薮。

计成在同里生活的时间虽然不长，但他

受当地园林艺术的熏陶而培养了对园林建筑的热爱，并掌握了挥洒艺术才能的本领。同里人没有忘记这位给中国园林艺术发展以巨大贡献的他乡游子，一直关注着他及《园冶》的命运。虽然他的五进三十五间故居曾在清代成为当铺，被当地人叫做"老典当"，但后来还是回到计成后裔计重兰的手中。现在的计成故居静静地伫立在鱼行街上，苔藓青青的古老砖墙每天都在迎接天下宾朋，向他们重复着房屋主人的故事。同里人民还准备接受著名园林研究专家陈从周的建议，在计成故居的原址旁建造"计亭"，以纪念这位让世人景仰的园林艺术泰斗。

计成故居

废园觅踪

中国园林发展的历史可考，但同里园林发展的源头已难以追寻。目前所知最早的同里园林是"水竹墅别业"，名字取得颇有晋唐遗风。两宋时期，苏州大兴营建私家园林之风，并摆脱了平江古城墙的羁绊。距苏州不远的同里首先沐浴在这股清风细浪中，朵朵园林之花竞相开放。

水 竹 墅

嘉庆《同里志》说宋元间的同里"园池亭榭，声技歌舞，冠绝一时"。但流逝的岁月已将宋代同里的众多园林冲刷得了无踪迹，连著名的"水竹墅别业"也仅有遗址可寻，园中的景致早已烟消云散。幸亏该园主人、诗人叶茵有描述水竹墅十景的《水竹墅别业十咏》流传至今，才使我们有机会窥其一斑。水竹墅的十景包括"曲水流觞""峭壁寒潭""安乐窝""野堂""竹风水月""广寒世界""盟鸥""得春桥""赏心桥""寻源桥"，仅从这些景名就可以看出水竹墅是一个结构完善、建筑精巧、文化内涵丰富的私家园林，园中有小溪、水池、楼、堂、房、榭、桥及鱼、龟、鸥、竹等动植物组合。叶茵笔下的各处景致非常优美，充分展现了水竹墅人文与自然相映成趣的场景。如他在

《竹风水月》中写到：

> 造物无尽藏，散在林泉中。
> 结亭相周旋，人与万境空。

这首诗体现了水竹墅建造过程中，遵循了山水园林"源于自然，融于自然"的原则，并表达了园主人寄情山水、与天地相合的姿态。

水竹墅的清新精巧自然与该园主人叶茵的个人修养分不开。才华横溢的叶茵喜欢清静自放，不慕荣利，远离南宋后期的污浊官场，隐居在"顺适堂"。"顺适"二字源于杜甫"洗然顺所适"之句，叶茵更以"顺时不作荣枯想，适意元无胜负心"来表明自己的胸襟。叶茵平生最仰慕的是曾隐居在距同里不远的唐朝诗人陆龟蒙，在其所藏的万卷图书中，最钟爱的是陆氏的《甫里集》。他在追

随陆龟蒙为人的同时也学习其诗文，所作诗歌以写景咏物见长，著有《顺适堂吟稿》五卷。叶茵是在同里历史上留下深刻印象的第一人，流传至今的《水竹墅别业十咏》不仅文辞优美，而且是同里现存最早的诗作，对同里的文坛有深远的影响。由他出资建造的思本桥历经700多年，至今仍顽强地生存在辽浜村，成为同里封建知识分子"民本"思想的精神象征。

万玉清秋轩

元代见于史籍的别墅园林有三座，以宁氏的"万玉清秋轩"最负盛名。该园的主人是宁昌言，曾任江南财赋司副使，致仕后修筑这一花园别墅。园中有菊坡、岁寒屏、苍茛谷、来鹤亭、橘圃、芙蓉沼、金粟坞、碧梧冈、师古斋、栖云馆等景点。"万玉清秋轩"在当时影响很大，很多文人以其为对象吟诗作画，留下了不少佳作，也保留了一些园内景致。明人周叙在一篇名为《题宁氏万玉清秋轩图》的长诗中有这样的描写：

别墅遥从天上开，竹间处处起楼台。
岁寒屏古苍松老，来鹤亭深碧涧回。
亭前橘柚千株绕，圃上芙蓉荫芳沼。

叶 茵

残荷细卷玉露清，疏柳低垂紫烟绕。
长坡迤逦篱菊芳，花开三径如柴桑。
万斛香生金粟坞，满庭荫绕碧梧冈。

从诗中所描绘的景象可以看出，此园的设计吸收了当时的园林建筑风格，尤其注重植物在园林布局中的作用，苍松古柳突出了静谧清新的效果。当时的私家园林中日常活动区域和园林区域结合的比较紧，藏有图书的师古斋和安置几席的栖云馆是园主及其家人读书和社交的场所，也是该园的中心。由于平时的使用率很高，因而其周围的景致是全园美景最集中的地方。这样的安排使整座园林中心突出、层次分明，强调了其利用自然美景来修身养性、融洽友情的效果。

元代的另两座园林为"水花园"和"有竹居"，相关的记载比较少。叶振宗的"水花园"规模宏大，"园广数里"，甚至占用了同里湖中的几个岛屿。各岛之间有大小桥梁相连，园中有聚书楼、约鸥亭、小垂虹等景点。明朝初年，朱元璋打击江南地主时，园主人遭受牵连，水花园被籍没入官，此后逐渐埋没荒废。水花园虽寿命不永，但同里人对其思念之情从未间断。清僧人通远曾咏到：

吴淞江上水禽喧，同里湖边聚一村。
高阁已灰书帙散，至今人惜水花园。

叶家在遭此祸乱后，举家迁到昆山，当其后人叶盛名扬天下时，同里人更以此为憾。

"有竹居"在庞山湖畔，曾任南康郡丞的园主人任仲真原非同里人，因探访旧友而爱屋及乌，喜欢上同里的美景与民风，在此筑园定居。不过"有竹居"似乎在园林的构筑上没有什么特色，所谓"心目两旷然，跬步无所疑。

幽竹扇清风，野花香掩菱，小石当绳床，大石几可代。独坐看道书，饮水如沆瀣"[1]。"有竹居"所以让人念念不忘在很大程度上受任仲真文名的影响，任氏的《莼乡小集》和《有竹居诗稿》今天虽已埋没，但在明清时的同里士人中是颇有影响的。

江湾草庵

明代同里宅第园林更盛，仅见于《同里志》的就有"遗老堂"等24处，至今保存完整的有"乐寿堂""耕乐堂"等。有些明代宅园易主后被冠以新名继续着它们的辉煌，如"崇本堂"就是由明代的"西宅别业"翻建的。不过，明代的同里宅园似乎以宅见长，从现存实物到有关资料都没看到园林艺术方面的杰出表现，无非是"栽桑栽竹日殷勤""千涧落花流曲曲"，种些花草，理些池水而已。稍微突出一点的"陆园"，能被人提起的也只是园中的"池亭、书斋、梅竹、牡丹、芙蕖"，看不出有何奇特。著名的"耕乐堂"虽有一园，园中仅有一泓池水、两座假山、几棵松树、厅阁相对，虽说布局紧凑，善借外景，但内容有限，难成大作。倒是布置简陋的江湾草庵因主人是明末清初诗人朱

---

① 任仲真：《构有竹园》，嘉庆《同里志》卷24"集诗"。

耕乐堂

鹤龄而声名远播。

江湾草庵位于庞山湖东畔的宋墓港，风景宜人。朱鹤龄在《江湾草庵记》中说"制剙自田畯，门牖略具丹漆，不施竹帘纨帷，容膝而已。东偏一小轩，稍洁，中设耒几一，匡床一，聚图书数百卷。性喜著撰，朱墨二毫，未尝辍揽。每睹藻网如织，轻舸出游，落花成茵，鸟语上下，意欣然乐之。"此园虽然简朴，但视野开阔，与周边环境融为一体，故园主人能"兴发散步湖滨，与村童野叟相狎荡。遥望晴澜浩淼，渔罾估舶出没，荒墟树杪中，指点西山诸峰，螺髻逶迤，浮青送碧，未尝不挂策忘疲，如置身潇湘洞庭间也。"作为前朝遗民，放浪江湖，朝渔暮歌，在政治形势紧张之时，不失

为明智的选择。朱鹤龄隐于江湾，但没有放弃他的追求。他遍鉴古籍，著书立说，共有著作11种，是同里古代著述最丰富的文人。他的著述范围包括儒家经典、古诗集注、文献考征和诗文合集，代表作《读左日抄》《杜工部集辑注》《李义山集注》《愚庵小集》"盛行于世"。明清之际的大诗人钱谦益、吴伟业也慕名前来与他唱和，江湾草庵更显得不同寻常。

清代同里富豪们对宅园兴建仍是不知疲倦。但也许是同里地方过于狭小，地皮紧张，所筑园第规模都不大，难以展现中国古典园林艺术的丰富内涵。直到清朝末年，退思园的横空出世，才将同里的园林建筑推到中国古典园林的最前沿。

退 思 园

退思园能够被收入联合国教科文组织的世界文化遗产名录，绝对是当之无愧。到过同里的游客，也同样会感叹退思园是绝对的不一般。初来同里的人如果对同里保存完好的明清建筑会发出感叹，那么，他对退思园就只有震惊了！

水到渠成

中国的私家园林大多是人们借助文化来整合山水的艺术综合体，以苏州园林为代表的江南园林被誉为世界建筑艺术的巅峰。随着"大隐隐于市"思想的倡导，私家园林城市化的倾向越来越明显。宋代以后，高水平的私家园林大多集中在文化积累深厚、经济相对繁荣的大型城市中。同里虽说有一定的经济基础，但毕竟只是一个镇，离区域经济文化中心的要求还很远，却拥有一座能代表江南园林最高水平、与苏州城中经典园林分庭抗礼的退思园不能不令人震惊！

退思园在同里的出现绝不是偶然现象，而是苏州园林的发展与同里社会经济文化发展的必然结果。

首先，同里有悠久的造园历史。上文中我们已将同里宋元明清时期的园林发展情况做了简单的描述，同里的园林是伴随着同里镇的成长而兴盛，是同里镇不可分割的一部分。这种对园林执着追求的传统是退思园诞生的深厚土壤。同时，同里的园林艺术传统还为当地储备了园林建筑方面的人才，园林建筑材料获取的渠道，给退思园的建设创造了技术和物质条件。

其次，当地长期文化和艺术的积淀为同里出现高水平的园林建筑提供了丰富的内涵。同里的文化教育一直处在同等社区的前列，在培养出大量人才的同时，也形成了一个融洽的人文环境。这种环境不断地造就一定水平的文化成果，使同里的整体文化保持在高水平中传承与创新。同里的园林在文化中吸取营养，衬托着退思园人文精神的园中诗作、楹联、雕刻及收藏的文物所表现出的文化涵养，是中国传统文化长期熏陶形成的结果。

再次，苏州经典园林对退思园的影响。在中国的古典园林中，以苏州为代表的江南私家园林在设计水平、建造技术、艺术表现和文化总结方面都代表着我国的最高水平，达到了炉火纯青的地步。古代同里虽说交通不便，但坐船从水路到苏州不过几个小时的行程，各方面的交流相当顺畅。明清时期的苏州著名园林，如拙政园、网师园、留园、环秀山庄等虽看不出在退思园中留有具体痕迹，但对该园的综合影响不可低估，这也是人们把退思园作为苏州园林组成部分的原因。

园 主 人

退思园的影响使他的主人名扬天下。任兰生，字畹香，号南云，生于1837年。任家自明初入居同里，经过几百年的经营，到清中后期已成同里望族。曾祖父任祖望，祖父任振勋皆为太学生，官资政大夫，属于高品级官员。父亲任西附在仕途上稍逊一筹，以贡生候选训导。任家既是书香门第，自然十分注重家族形象，"乐善好施""代有隐德"。任兰生从小也受到较好的教育，具有敏捷的思维和沉稳的性格。但其科举考试之路并不顺畅，曾五次应童子试，一次赴京兆试，都没有成功。他在21岁时弃笔从戎，进入安徽皖军，开始军旅生涯，并因军功升为军官。1864年，他捐升为同知候选，改投安徽巡抚乔松年门下，参与对捻军的作战。在此期间，他善于谋划，屡建功勋，不断得到上司的褒奖和朝廷的提升。1867年，他已晋升为道员，后又加盐政使衔、布政使衔，驻防寿州，兼管淮北牙厘，负责当地的治安和税收，并深受曾国藩等人的称赞。1877年，任兰生官至代理凤阳颖川六安泗州兵备道，两年后正式出任这一职务。过了三年，他又得到代理安察使一职，这是他一生中最出彩的阶段。按照他的职务他应当负责当地的军事事务和平理刑狱、维持治安，但史书却称他"清狱讼，整缉捕，劝农桑，兴水利，修书院，设义塾，修道路，浚河塘，储粮食"，政绩几乎涉及所有领域。在农业方面，他将南方水车改造后在当地推广以便灌溉，并雇请江浙的蚕农传授养蚕缫丝技术。在地方建设方面，他修筑凤阳城池，整治驿道馆舍，开通河网水路。在社会公益事业方面，他设育婴堂、牛痘局、戒烟局，并倡导捐募银十余万两，赈济河南流入安徽的十几万灾民。任兰生此时行事，设计周全，目光长远，并全力以赴，善始善终，深得当地群众赞誉，被老百姓称为"皖北必不可少的一员"。

正当任兰生在皖北努力向更高的官阶攀登时，他遭到了一生中最大的打击。1884年，内阁学士周德润以"盘踞利津，营私肥己"和"信用私人，通同舞弊，浮收冒销，纵恣贪贿，逢迎挟制"等罪状弹劾他。次年正月，任兰生被停职等候处理。朝廷委派尚书崇绮和内阁学士廖寿恒前往凤阳调查弹劾任兰生的罪状，结果均无实据，但他留用被革职的官吏屠幼亭之事还是让吏部将他罢了官。据说任兰生在革职离任时，当地人民念及他的恩德，就像婴儿失去了母亲一样，数万人拦在路上，手拉着轿杠痛哭流涕，不忍其离去。

回到家乡同里的任兰生开始了另一彪炳史册的业绩，请画家袁龙为他设计建造新的宅第。任兰生将他不能为国家效力的雄心壮志转移到了园林的雕琢上来，历时两年，费银10万两，成就了经典名园退思园。

然而任兰生并没有享受到多少退思园带给他的宁静与精美。在退思园完工不久，山东巡抚张曜、安徽巡抚陈彝、两江总督曾国荃共同上书保奏，刑部员外郎孙家恽等200多名凤颖六泗的地方士绅也联名呼吁，请朝廷恢复任兰

退思园（董瑞成摄）

生的职位，并筹银8000两为他报捐道员。任兰生在得知朝廷准予复职的消息后，迅速回到安徽，被陈彝调派至淮河流域抗洪救灾。当时黄河决堤，河水冲向淮河沿岸，淹没了大片村庄，无数灾民流离失所。任兰生到达灾区后，四处察看灾情，冒雪奔走在淮北大地上，帮助灾民度过难关。然而，祸不单行，就在灾区人民刚从灾害中走出，稍有喘息的时候，次年（1887年）2月，皖北再次突发大水，淮河上又波涛汹涌。任兰生骑马巡视灾情时，因马惊而受伤，大腿生疮，后不治身亡，时年50岁。任兰生死后，光绪皇帝下诏优议其恤，赠内阁学士，并命国史馆为其立传，附祀英翰专祠。

一些到过退思园的人从"兵备道"三字中认定任兰生是一名武将，并在做官期间搜刮钱财而成就退思园。①但从任兰生的实际情况看，他曾饱读诗书，接受过儒家思想的长期薰陶，与处在清朝末年层出不穷的贪官污吏有很大的区别，有传统知识分子的忧国忧民的意识。为官一方，做了些对当地人民有益的事情，也赢得了当地人民的赞誉和青史留名，甚至连他获罪也多少与他不肯对战败的捻军残酷追杀有关。

在等级制度盛行的中国，一个道员离统治集团的顶尖还有相当远的距离，在汗牛充栋的史书中，很难找到其应有的地位。尽管他腼列在《清史列传》《中兴将帅列传》等史迹中，但人们还不可能通过史籍记住他、熟悉他。真正让人们了解他的是退思园，是一座誉满海内外的园林艺术宝库。人以园存，人以园闻，退思园为任兰生书写了一部不朽的传记。

退思园取名于《左传》"林父之事君也，进思尽忠，退思补过"中的"退思"二字，表面意义是从内心反省。从任兰生的角度看他被免官虽说有点冤枉，但皇帝（当时实际掌权的是慈禧太后）永远是对的，即便你功勋卓著也得俯首称是，越是冤枉越得装出痛改前非的样子，否则给你个"傲慢""怨望"的罪名，重有杀身之祸，轻则永不续用。以退思为园名，对外可博得朝廷的信任、同僚的好感，对内可总结经验、以备东山再起。两年之后，退思园建成，任兰生重返官场，这"退思"二字对他的意义可谓至深至重。

设 计 者

任兰生以退思园而闻名，但成就退思园的不仅仅是任兰生一人。退思园的设计者袁龙赋予了退思园无穷的魅力，正是他的精心设计和

---

① 余秋雨：《江南小镇》，张抗抗：《同里之思》，吕锦华等：《在水一方——名人笔下的同里》。

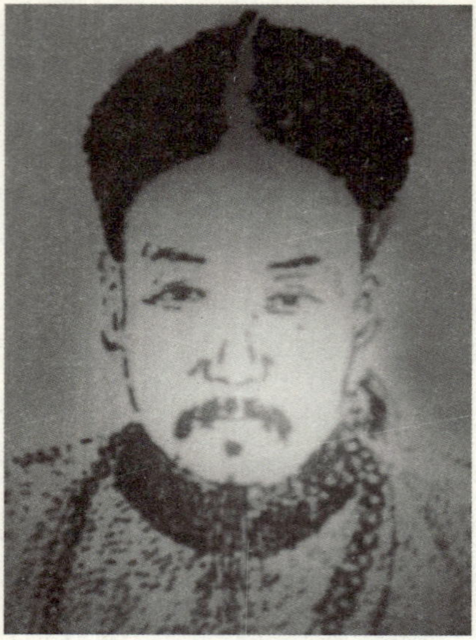

任兰生像

深厚的艺术与文化修养，才给了退思园经典的桂冠和人们惊叹的理由。

袁龙生于1820年，一名汝龙，字怡孙，他的号很多，常用的是东篱，其他有老枵、瘦倩氏、白云山人，从这些别号中对他人生的价值取向和生活轨迹可略见一斑。袁氏为同里望族，在乾嘉时，家族中有多人以诗文书画闻名，是一个典型的书香门第。袁家所藏书籍文物非常丰富，其中不少是稀有珍品，可见他家的文化积累非同一般。袁龙从小就秉承家学，喜欢读书，尤其对诗词书画篆刻考据最为精专，著有《复斋集》。作为饱学之士，袁龙却不愿混迹于官场，从不参加科举考试，而是以教授学生和出卖书画为生。袁龙酷爱园林艺术，他给自己设计建造的复斋别墅，以粉墙作纸，叠石成山，间以竹木，远看山石壁立，树影斜铺，酷似倪瓒的“平远小景”，时人称赞不已。园中亭馆门窗的雕刻书画，均由袁龙亲自动手完成。陈去病在《五石斋》中说袁东篱“澹泊宁静，悠然物外，尤有遗民之风。所居复斋别墅，亭馆幽静，花木扶疏，皆闻先生躬操锯凿为之，故极得真趣”，赞美羡慕之情跃然纸上。

袁龙深厚的文化功底和杰出的园林艺术创造能力给同里人留下了深刻的印象，也为任兰生所崇拜，成为任兰生建造园林的当然设计者。而任兰生的经济实力和社会地位同样为袁龙的园林创造艺术提供了大展身手的平台。作为著名书画家和隐逸高士，袁龙对自然山水的感受和现实社会的认识显然比常人更深刻、更透彻。独特的眼界与他固有的文化修养、园林建筑经验结合在一起，为一座经典名园的出现奠定了理论基础。任兰生与袁龙在个人道路的选择上大相径庭，一个胸怀壮烈，南北驱驰，不停地博取高位以光宗耀祖；一个深居简出，淡泊人生，努力读书作画以修身养性。但在同里这个浓厚文化氛围的熏陶之下，他们都表现出对园林艺术的孜孜追求。共同的志趣将他们的目标结合在一起，以一座完美的园林作为人生最高的标志。在苏州的沧浪亭有吴中五百名贤,记刻的是明代以前对社会有重大贡献的苏州名流。1935年,寓居吴门的嘉业堂主人刘翰怡准备斥资续刻吴中五百名贤,袁龙以高士、任兰生以阁学的头衔列为续刻对象。后因抗日战争爆发,这项壮举未能完成。以明清时期苏州人物之盛,能够跻入名贤之列,足见退思园的地位和袁、任二人的影响。

嘉宅深院

退思园地处同里镇的中心,因地形所限,加上园主人处于特殊时期,不愿张扬,故建筑格局突破常规的前后分布,改纵向为横向,分为三个部分,自西向东依次为西宅、中庭、东园。整座园林占地仅九亩八分,但亭、台、楼、阁,廊、房、桥、榭,厅、堂、舫、轩,一应俱全,表现了晚清江南私家园林建筑的基本风格。

西部的宅院分为外宅和内宅。外宅由轿厅、花厅和正厅三进组成。轿厅也称门厅,客人在此下轿。花厅接待一般客人。有贵宾来访或遇上婚丧嫁娶、敬宗祭祖则启用正厅,以示隆重。正厅两侧原有"钦赐内阁学士""凤颖六泗兵备道""肃静""回避"四块执事牌,以彰显主人的地位,加上重门深宅,更显庄重肃穆。

外宅的东侧是内宅,为园主人与家眷生活起居的地方。主体建筑是南北相对、五底五楼的两幢楼房,以任兰生的字取名为"畹香楼"。两楼之间由东西两条双重走廊相连,廊下东西各设楼梯以供上下,这样安排则雨天不湿脚,晴天能遮阳,民间将它们称为"走马楼"。为了使居室冬暖夏凉,底层东西间的地板可随气候的变化而装卸。楼南是六间平房,因给侍者使用,称为"下房"。内宅的两侧石库门均用清水方砖砌成,可防火防盗,保证内宅的安全。内外宅虽独立成院,但布局紧凑,浑然一体,设计者在此也有良苦用心。

中庭是园林的两部分之一,在西宅与东园之间起过渡作用。进入中庭,立即感觉到清雅幽静,心旷神怡。庭中树盖如云,掩映着园中的假山花坛。中庭以庭院为中心,北边是六开间的"坐春望月楼",在此楼上,既可望月酬唱,也可静赏花木,还可临时辟为客房。楼的东侧一隅为饱受赞誉的"揽胜阁",此阁是一座不规则形的五角楼阁,其因地制宜,居高临下,可将东园佳境尽收眼底。

与"坐春望月楼"相对的是三开间的迎宾居和岁寒居。迎宾居是主人以文会友、陶冶情操的场所,留有不少名篇佳作。岁寒居是严冬季节品茗论诗的地方,漏窗映出的松竹梅岁寒三友将宾主置于超凡脱俗的境地。在庭院的西端设有"旱船"一艘。所谓"旱船"是一外形似船的房子,前舱隔绝内外的是八扇长窗,但

退思园草堂（徐 丰摄）

以窗作墙，如锦屏障目隔而不断，船身通过漏窗暗廊与走马楼的风火门相通。船头所对的则是通向东园的月洞门。与江南园林常见的船舫一般面对的是一池绿水不同，这艘旱船的船头前是一片浓荫绿地，是如盖的樟树和飘香的玉兰，还有遮掩东园入口、用太湖石垒起的假山。庭院的东西两侧依旧是长廊相连，把中庭的结构营造得更紧凑、更完整。

贴 水 园

跨过方砖做成的月洞门，就进入了退思园的主园。这里是退思园最精华的部分，在不大的空间里面，几乎包含了江南园林应有的各种杏元素。东园以一方池水为中心，诸多景点紧贴水面而建，犹如从水底漂浮而来，故著名园林艺术专家陈从周先生形象地称之为"贴水园"。他在《说园》一文中写到："任氏退思园于江南园林中独辟蹊径，具贴水园之特例。山、亭、馆、廊、轩、榭等皆紧贴水面，园如出水上。其与苏州网师园诸景依水而筑者，予人以不同景观，前者贴水，后者依水。所谓依水者，因假山与建筑等皆环水而筑，唯与水之关系尚有高下远近之别，遂成贴水园与依水园两种格局。皆用因水制宜，其巧妙构思则又有所别。设计运思，于此可得消息。余谓大园宜依水，小园重贴水，而最关键者则在水位之高低，我国园林用水，以静止为主，清许周生筑园杭州，

晚香楼一隅（沈 远摄）

名'鉴止之水'，命意在此，源出我国哲学思想，体现静以悟动之辨证观点。"

跨进题有"云烟锁钥"四字的月洞门，首先映入眼帘的是飞檐高翘、悬架水面的"水乡榭"。榭是三面临水、四面敞开的观景建筑，由于其深入水面，无遮无拦，其观景的范围最大，观赏的角度也多。立于水乡榭，向下可凭栏俯视游鱼戏水及倒映在水中的蓝天白云、楼形阁影；向前则将园中美景尽收眼底。榭中还立有一面明镜，从不同的角度窥视镜中，可反射出园中不同部位的景致。

出水乡榭，左侧有一顺着池水、廊壁上嵌满名人诗词、书画砖雕石刻的曲廊通向园中的主体建筑"退思草堂"。退思草堂稳重气派，古朴素雅，既是东园的灵魂，又点明了全园的主题，还体现了主人非同一般的身份。草堂前有一贴水露台，是小园中最开阔和阳光最充足的地方，站立露台之上环顾四周，可见琴房、三曲桥、眠云亭、菰雨生凉轩、天桥、辛台、九曲回廊、闹红一舸、水乡榭与池水等，组成了一幅错落有致、浓淡相宜的山水长卷。草堂背后以峰石花木作点缀，一片幽静怡然。草堂里面悬挂了许多名人的题词与字画，使草堂显得凝重高雅，文气十足。草堂的右后方是中庭的揽胜阁，揽胜阁将望月楼和草堂有机地结合起来，消弥了中庭与东园之间围墙隔绝造成的相

对孤立状态。出草堂往左，有南临荷池的三曲石梁桥平卧在静静的水面上，桥上架有紫藤棚，盛春时节，累累实实的紫藤花挂满棚架，形成花海一片。小桥的背后是掩映在花丛树阴中的琴房，琴房前近可俯视小桥碧水、远可仰看假山飞亭，而琴房中传出的"高山流水"更是让人如入梦境。

水乡榭隔水东望是假山和"眠云亭"。眠云亭远看似立在假山之巅，实际上是拔地而起，建有两层，下层四周叠砌太湖石，形成洞室，给人以亭立山巅的假象。如此上亭下室，一筑两景，为江南园林中所仅见。作为退思园的山水主景，眠云亭四周古木环衬，藤蔓缠绕，登临亭上，便有"一览众山小"的感觉。

沿曲径南行，来到"菰雨生凉轩"。轩是一种临水半敞开的建筑，属于夏季景观建筑，北侧贴水，有芦苇、菰草生长其间，野趣盎然。小轩四周芭蕉葱绿，棕榈苍翠，稍现南国风光。碧水、莲花、荷叶、菰蒲，可给炎夏增添凉意，因此，夏季在此纳凉，清风阵阵，荷花亭亭，暑热顿消。若遇风雨突至，风吹芦苇，叶影婆娑，雨打芭蕉，玉珠弹跳，身临其境，风声雨声交相辉映，如同一曲夏日赞歌。轩内是用屏风隔成南北两室的鸳鸯格局。屏风正中置一面大镜，镜前设湘妃榻，卧于榻上可从镜中欣赏园中美景。轩名"菰雨生凉"一说出于姜夔《念

奴娇》中"翠叶吹凉，玉容消酒，更洒菰蒲雨"，也有取意于彭玉麟杭州西湖三潭印月的一副楹联"凉风生菰叶，细雨落平坡"之说。任兰生与袁龙的想法我们已很难判断，但在轩内挂有彭玉麟相赠的"种竹养鱼安乐法，读书织布吉祥声"楹联，足见园主对彭玉麟的尊敬。任兰生遭弹劾时，彭玉麟一方面在朝廷上为他疏通，另一方面劝诫他要正确对待，注意修身养性，以便将来东山再起。退思园能成，很难说不与彭玉麟、曾国藩、左宗棠等人对任兰生的影响有关。

从菰雨生凉轩穿过假山洞，来到通向辛台的天桥。天桥是模仿秦阿房宫复道而修建的，上为桥，下为廊。天桥前后贯通，八面来风，夏日在此乘凉，自然神清气爽。

天桥的尽头是辛台。辛台为两层方形鸳鸯厅，是读书求学之所。辛者，苦也，比喻求学之路漫长而艰苦。任兰生本是读书出身，自然不会抛弃勤学苦读的传统。从任家后人的好学重教来看，辛台的意义最实际。辛台临水面园，气息通畅，最宜读书。苦读之余，可循窗观景，调节神经，消除疲劳。

从水乡榭向右，弯弯曲曲的回廊上设有九扇纹饰各异的漏窗，漏窗上嵌有石鼓文"清风明月不须一钱买"九个大字。这句来自于李白《襄阳歌》"清风明月不须一钱买，玉山自倒非人推"的佳句，体现了园主人对大自然恩

菰雨生凉轩

辛台天桥

眠云亭（刘大健摄）

赐的感激和对自然山水的追慕之情。

　　沿曲廊继续南行，就来到取名为"闹红一舸"的石舫。静卧水中的"闹红一舸"虽突兀池中，风吹浪打不动摇，却最富动感。该舫由湖石托出，半陷碧水，水流穿越湖石孔窍，潺潺之声不绝于耳，人立舫头，则有荡漾在江湖之中的感觉。石舫四周，碧荷摇曳，游鱼翻滚，妙趣无比。

　　过闹红一舸，曲廊一侧有门楣上题着"留人"二字的小门，门内便是桂花厅。桂花厅处在东园的西南，是相对独立的院落，但通过金风玉露亭既增加了层次，又与东园融为一体。庭中空旷处广植桂树，每到金秋时节，馥郁芬芳，盈室绕阶，红枫与金桂、银桂相间，在蓝天白云、粉墙黛瓦的映衬下，风姿无限。入夜之后，在此闻花赏月，更是令人神往。所以，秋风刮起的时候，桂花厅就开始她的热闹与痴迷，主人与他的宾客门在此把酒论诗，对景咏唱，体会这闹市中的宁静和自在。尽管桂花厅是全园最后一处景点，主人也有"留人"之意，但在欣赏过如此精致的园林之后，游人们不应会有什么遗憾。

三殊、三绝与三珍

　　综上所述，我们已经感觉到退思园的丰富

与精美，但这仅仅是表面上所看到的内容。如果我们对退思园稍做分析，就会有更深层次的享受。熟悉的人都知道"三殊"、"三绝"与"三珍"，它们反映了退思园广博的文化内涵和卓越的艺术创造。

　　"三殊"与"三绝"表现了退思园在建造过程中，对于一些常见园林建筑的特殊处理而形成的非凡效果。

　　一殊是指在如此小的退思园中有两处船形建筑，而且利用一旱一水，一写实一写意的手法，使它们展现了不同的艺术技巧。二殊是指"闹红一舸"精湛的制作工艺，以湖石托起船体，使之轻盈飘逸，涌动的池水撞击湖石，既有铿锵之声，又有飘荡之感，"死"舫变成"活"舟，如此景致，真可谓神来之笔。三殊是指在构建手法上对"眠云亭"的创新，一般江南园林假山上的亭子是直接建在假山上，眠云亭拔地而起，上亭下室，室外贴石，下层成为洞室，既能使磊石达到变化万千的效果，又衬托出小亭凌云腾空的气势。

　　再来看看退思园的"三绝"。一绝是"揽胜阁"的奇特作用。退思园以高墙分隔空间，各部分相对独立，相互之间有被隔绝的沉闷感。造园者在中庭与东园之间的高墙北端、"坐春望月楼"的东山墙处设置了这座不规则的楼阁，其意义有四：一是揽胜阁将中庭和东园的主体建筑望月楼与草堂有机地结合起来；二是其不规则的形状很好地调节了呈直角状态的东园西墙与北墙的呆板局面；三是揽胜阁所处的位置是一绝佳观景点，近可俯视园内景色，远能眺望白浪滔滔的同里湖及同里东南一带的田野风光；四是揽胜阁与望月楼相连，可使住在望月楼中的女宾足不出户就饱览园中景色。二绝为天桥，连接辛台和菰雨生凉轩的天桥弯弯曲曲紧贴假山之巅，犹如巨龙横空出世。桥上风清气爽，游人登临四顾，仿佛置身于山水画中，与周围景物融为一体，心情自然舒畅开朗。天桥的绝妙已举世公认，在1985年的"中国十大风景名胜"评选时，成为苏州园林的首选景点；在1986年《人民画报》第1期的"中国十大风景名胜"专栏中，又独领风骚，作为苏州园林最具代表性的佳作。三绝是菰雨生凉轩，该轩的建筑式样以及周围的芦苇、菰草、莲叶、碧水已经营造了一个清凉的意境，并构建成了风鞭棕叶、雨打芭蕉的夏景，但为了增加夏日去暑的实际效果，轩底又挖有三条水道，荷花池水循环其间，使轩内阴湿凉爽，消散暑气，堪称绝思妙想。

退思园的"三珍"指园中拥有的三件罕见的文物珍宝，体现了退思园的文化积累。一珍是退思草堂内的《归去来辞》碑拓。《归去来辞》碑为元代首屈一指的书画家赵孟頫所书，赵氏真迹今已罕见，太仓人顾信珍藏有《归去来辞》、《送李愿归盘谷序》两件赵氏墨迹，并勒石藏于淮云寺的墨林亭内。"文化大革命"期间，墨林亭被毁，两碑也同遭被毁的命运。退思草堂所藏的《归去来辞》碑拓则为海内孤本，显得十分珍贵。二珍为九曲回廊中的大篆文。回廊漏窗上镶嵌的"清风明月不须一钱买"九个大字用的是东周金文，又称"大篆"或"籀文"，字体奇巧古拙，是我国现存较早的籀刻文字，具有很高的书法价值。江南园林中少用籀文，此处九个籀文更显稀罕。三珍是天桥北边耸立着的太湖石。这是一块独体大型太湖石，因其外形酷似驻足老人，被称为"老人峰"。峰顶立一巨型龟状灵璧石。灵璧石产于安徽灵璧，因这里是项羽爱妾虞姬的家乡，故灵璧石被称为"美人石"。太湖石和灵璧石是江南园林使用最多的两种石材，灵璧石一般体积较小，而此石形体硕大，十分罕见。更为罕见的是，本已少有的两块巨石合在一起，竟如此的天衣无缝。

其实，"三殊""三绝"和"三珍"所反映的只是退思园的部分特征。退思园之所以有如此成就，不仅仅是某些组成部分的非常表现，而是其深厚的文化积淀、精湛的建筑技艺和丰富的艺术想象共同作用的结果。

楹 联

楹联是苏州园林不可或缺的内容,它的品味、书法、作者、数量以及与背景环境的默契程度都是园林质量的重要表现。退思园虽说建园较晚,但其楹联丝毫不输于苏州城中的著名园林。

退思园中最早的楹联之一当是菰雨生凉轩中的"种竹养鱼安乐法,读书织布吉祥声。"对任兰生有再生之恩的彭玉麟手书的这副对联,自然会得到特殊的待遇。这副对联看似简单平庸,实际上是拙中藏巧,非同寻常。首先,上下联对仗工整,上下合契。"种竹养鱼"对"读书织布",一是休身养性之道,一是安身立命之本;一无声,一有声,动宾搭配,归于"安乐吉祥"。其次,联中所述各物在退思园中都能找到,竹在岁寒居,鱼现碧水池,辛台苦读书,内宅织布忙。第三,对联的意境与园林的

20世纪30年代的退思园

整体风格相符,任兰生建退思园,本为官场受挫之后采取的"退思补过"措施,"养鱼""种竹""读书",则能安心静养,不惹是非,以取"安乐吉祥"。

在荫余堂中,有"水榭风来香入座,琴房月照静闻声。"和"快日晴窗闲试墨,寒泉古鼎自煮茶。"两副对联,形象地描绘了园中的一些重要设施的非常效果。第一联中提到的水香榭是紧挨着荫余堂的内园第一景,琴房则在内园的东北角,面向三曲桥。此联意为:人在中庭,就能感受到从水榭那边吹来的阵阵清风,穿过月洞门,裹携着庭中玉兰花的幽香,飘荡在厅堂之上;在皎洁月光照射下的琴房静谧安宁,只有悠扬婉转的琴声飘然而至。好一幅美妙的人间梦境!第二联描述的两处是辛台和岁寒居,心情舒畅的主人在风和日丽中读书著述,严冬季节则会聚朋友,围着火炉煮茶品茗、评诗论曲。

> 华榭开时,喜集域中人,贴水芳
> 园画意,半池莲叶容鱼戏
> 草堂行处,退思天下事,生风薰
> 阁琴声,千树桐花任凤游

知名学者吴慧为退思草堂撰写的对联,主要表现退思草堂前后的种种情趣以及由此而引发的深深思考。此副长联对仗字字式整,实属不易。更为出彩的是联中不仅巧妙地将草堂的名字嵌入其中,还用四言、五言、六言、七言的字数递进结构,令人耳目一新。在退思草堂中,还有著名书法家徐穆如先生书写的"艺秀辞工人所乐;水流花放吾其游"对联一副,其与张辛稼先生题写的"退思草堂"匾额均是书法精品,两者相得益彰,是草堂的一大亮点。

退思园外宅的第二进是茶厅，也是该园的正厅。厅中有故彭冲副委员长书写的"古镇名园"匾额，匾额之下，是里人陈旭旦先生所撰的长联：

> 昔为女学，尚忆童年旧梦，琴韵起
> 亭心，歌声飘水面
> 今是名园，欣看盛世韶光，游踪来
> 瀛海，辙迹贯江乡

上联表彰任传薪先生舍园办学的高尚情操和退思园的昔日神韵；下联则反映了退思园重新开放以来，吸引了海内外游客前来观赏，使同里名扬天下。此联用四、六、五、五结构，看似复杂，实则平实自然，辞意也一目了然。

退思园里，还有很多风格别致的楹联，如坐春望月楼东下程韵清撰的"静吟乘月夜，闲坐听春禽"，琴房中江波的"琴房停云静，天桥望月明"和无名氏的"满院竹声极是雨，半窗松影欲生烟"都是其中的佳品，它们是退思园不可分割的一部分，是园林中精神和文化的最好体现者。

巧夺天工

在退思园，处处都体现了文化对具体建筑的浸染。退思园的大小建筑都有贴切的名字，这些名字多有出典，并有很强的概括性和感染力，让人过目不忘。水香榭名出自许浑"何处芙蓉落，南渠秋水香"和伍乔"碧松影里地长润，白藕花中水亦香"的诗句，其名温馨，其景融融。

眠云亭则取自刘禹锡"欲知花乳清冷味,须是鸹云卧石人"与陆龟蒙的"茅峰曾蘸斗,笠泽久眠云"等佳句,形象妥贴,触名生情。闹红一舸显然来自姜夔《念奴娇》"闹红一舸,记来时,尝与鸳鸯为侣,三十六陂人未到,水佩风裳无数",既出名句,又惹人眼。退思园的建筑也力求追寻传统文化的滋润,砖雕、彩绘、楹联等文化小景自然表现出中国传统文化的影响。在西风渐近的晚清江南,同时代的很多建筑都留下了西洋文化的痕迹,有不伦不类之嫌。但退思园却完全继承了中国古代建筑文化的精髓,水磨青砖,粉墙黛瓦,飞檐翘角,湖石木梁,处处透露出中国传统建筑的典雅与完善。

退思园的特点可用"精、巧、准"三个字来体现。"精"是指退思园中的各个部分,无论大小,不管主次,都用工精良、精雕细琢,无一草率、随意。退思园中,大如退思草堂、坐春望月楼,小到门洞、漏窗、屏风甚至一砖一木,都有精心的安排和细致的制作,在理池、树木、磊山、建筑乃至题名、楹联、书画等都务求完美,不留瑕疵。对营造的各种景致,更是精益求精,给游人留下了一处处宛如山水画卷的人间仙境。"巧"是指退思园在建筑过程中,巧用心思和手段,克服自身条件的不足,完美地表现了江南园林的魅力。退思园自身的

最大不足是环境的限制,在不到十亩的范围内,要造一个组成完整的园林显然难以施展。但袁龙在设计上巧妙安排,在非常小的空间里,解决了全套的园林建筑布局。在退思园中,各处体现"巧"字的有辛台与菰雨生凉轩之间巧用天桥,灵璧石与太湖石巧合得天衣无缝,揽胜阁巧连中庭与东园,菰雨生凉轩和闹红一舸巧用池水等。"准"是指退思园在建造中,准确地把握了各种园林建筑技巧,突出江南园林"源于自然,高于自然"的原则,成功地将写实与写意相结合,为人们展示了一个亦真亦幻的理想境界。退思园在"准"的把握上突出表现在三方面:首先是对各园林因素表现特点的把握。退思园用望月楼、菰雨生凉轩、桂花厅、岁寒居四座建筑及其周围的植物、环境等表现春夏秋冬四时风光,非常形象地在园林中再造了自然景色。其次是对园林构景手法的把握。退思园虽小,但在构景的手段运用上,对景、漏景、夹景、借景、抑景等都能灵活运用,使我们置身于园林中的任何一地,都有合适的欣赏对象,如揽胜阁近可俯瞰东园全景,远可借同里湖及同里东南一带的田野风光,它本身又填补了望月楼和退思草堂之间的空白,成为东园西北角最佳景点。其三是文化因素与园林要素的准确结合。退思园中许多匾额、楹联、书画作品、石雕砖刻及图书等文化装饰品,都较

好地与园中的建筑、池水假山、动植物相配合，准确地出现在应该出现的地方，文化因素与园林要素两者相得益彰，充分体现了该园林要素的技术特点和艺术追求。

重见天日

1938年，日本侵略军占据了退思园，退思园开始遭受劫难。此后的几十年中，各种各样的社会斗争和运动不断地侵害着退思园的精神和肢体。尤其是"文化大革命"的十年浩劫，给退思园造成了巨大的破坏，"厅堂拆除，亭台坍塌，楼阁倾危，池水污染，假山成乱石，园子变工场，榛莽荒秽，面目全非"①。在校"左"思想的影响下，人们的认识偏离了正确的轨道，退思园也成为封建地主阶级残酷统治和腐朽生活的实物佐证。"文化大革命"结束后，退思园被5个单位占用，内设有化学品仓库、机修车间、职工食堂、托儿所、木工厂、工会活动室、教师和农民工宿舍。2800平方米的建筑被拆毁1100平方米，园内的红木家具丧失殆尽，书画作品所剩无几，古园的原始图片资料也不知所终。退思园周围环境严重恶化，池塘里堆满了垃圾，

东南角的翻砂车间整天浓烟滚滚，使得园中黑烟袅袅。紧靠北墙拔地而起一座三层的现代化建筑，周边的部分民宅都影响了古园的整体形象。

改革开放以后，人们对过去的行为、思想进行了反思，认识到了退思园的巨大价值，对退思园的状况深感惋惜和痛心。1981年，在先后召开的同里镇和吴江县两级人民代表大会上，均有提案强烈要求修复退思园。次年3月，在同里镇和退思园双双成为省级文物保护单位的背景下，太湖风景区建委、吴江县委和县政府及同里镇组织各方力量成立了修建办公室，开始了退思园的修复工作。

整个修复工作分为两期，一期工程从1982年2月到1984年5月，主要恢复庭院和内园，并于1984年1月对外开放。二期工程从1985年10月至1989年底，修复住宅。退思园的修复时间之所以长达8年，是为了取得最佳效果。在修复过程中，重建的一房（琴房）二船（闹红一舸、旱船）三厅（桂花厅、轿厅、正厅）和四廊（三曲廊、双层廊、碑廊、九曲廊）全承旧有风貌，整座园林不仅建筑制式、回旋布局、丘壑高下悉尊原样，漏窗的图案文字亦按资料修复，连各景点的花

---

① 沈荣法：《古园新生的关键》，国家级太湖风景名胜同里景区管理所编《历史文化名镇——同里》1996年8月。

草树木也照原品题的意境培植。施工人员反复相度，务求旧貌新颜，绝无新添痕迹。退思园完美的修复，被上级有关部门评为优质工程，也是我国文物古迹成功修复的一个典范。游客方毓强撰文写到："游罢退思园，最令人赞叹的是，这座曾经被破坏殆尽的园林，经有心人整修，居然如此清幽典雅，古风犹存，旧貌新颜，浑无痕迹，实为'整旧如旧'之范例。"①

修复的成功使退思园重获生命，复活的退思园迅速达到了辉煌的顶点；2000年11月，退思园成为世界文化遗产；7个月之后，她又被国务院列为全国重点文物保护单位。

退思园赢得的不仅是光环，还获得了人们最衷心的赞誉。走访过古今中外各种美景的余秋雨最难忘的是退思园的引人入胜："就这样，我们从西首的大门进入，向着东面一个层次一个层次地观赏过来。总以为看完这一进就差不多了，没想到一个月洞门又引出一个新的空间，而且一进比一进美，一层比一层奇。心中早已绷着悬念，却又时时为意外发现而一次次惊叹，这又让我想到中国古典园林和古典戏曲在结构上的近似。难怪中国古代曲论家王骥德和李渔都把编剧与工师营建宅院苑榭相提并论。"

作家潘向黎在《进退思之》中这样写到："人说同里像幅水墨画，那么退思园就是其中最美妙的一部分，有了它，整个同里就显得虚实相间，浓淡分明，持盈守拙而富有风雅之致。退思园的好处是三言两语说不出的，也说不清，不仅因为它亭、台、楼、阁、坊、桥、榭、厅、堂、房、轩一应俱全，又暗含春夏秋冬四景、琴棋书画四趣，而且因为其中的匠心经营确实是需要悉心体会反复回味的。只说园中的'菰雨生凉轩'吧，贴水而筑，中间放一张湘妃榻，单是夏日在此摆上瓜果席，清风徐来，暑热全消，宠辱皆忘，不已经是神仙也似的？主人还嫌不够别出心裁，在湘妃榻后面置一当年从异国觅来的大镜，置身榻上，对水而卧则水在眼前，背水而卧，而碧波已在镜中，轩如环于水中，人如卧在水上。醉后风起，该会觉得整个人像荷花一样浮在了水上吧。如此绝妙的构思，亏他从何处想来！"。②

① 《修复之道》，《新民晚报》1993年11月20日。
② 吕锦华等：《在水一方——名人笔下的同里》，人民文学出版社，1999年。

静 思 园

　　退思园之后的100多年，因为社会的动荡和变迁，苏州再也没有大规模的造园活动，退思园似乎是苏州园林的绝唱。但是，顽固的园林情结并没有因为时间的流逝而在苏州人的头脑中消失，寻找机会再造园林仍然是很多苏州人的梦想。随着土地征用制度的改变和其他社会变化，再造园林的梦想变成了现实。民营企业家陈金根先生花费10年的时间在同里建造了一座新的江南私家园林，成为实现造园梦想的典型代表。

　　这座新园林取名静思园，乍看上去有借退思园出名之嫌。据陈金根先生的解释，静思之意为"富而思进，静以致远"，含有自强不息、宁静致远的精神内容。与退思园"进思尽忠，退思补过"的主旨相比，多了些积极入世的恣态，少了隐

静思园全图

逸逃避的情绪。

陈金根先生为实现造园梦想进行了长时间的准备。躬逢盛世的他创办了吴江市新兴玻钢设备有限公司，历30年的苦心经营，奠定了造园的经济基础。从上世纪80年代初开始，他广泛收集明清时代的厅堂门楼、奇峰异石、砖木石雕等，为造园筹措了必要的实物材料。他还实地考察中国古典园林，尤其是江南园林，了解古人造园的精神依托和文化积累，把握她们的精华所在。在此基础上，又聘请有关专家精心设计，博采众长，争取最好的效果。从1993年到2003年，历经10年的营造，静思园诞生了。

静思园位于同里西面的庞山湖畔。庞山湖是包围同里的五湖之一，历史上这里曾水光潋潋、野趣横生，故屡有园林兴建。但随着时光的流逝，这些曾经的辉煌都已消失。静思园全园占地面积126亩，呈东宅西园布局，既沿袭了苏州园林的小巧别致，又有皇家园林的宏大气派。园中九曲回廊，湖光山色，亭台楼阁，水榭石舫，假山奇石，曲径通幽。园林中的水系为两湖一带格局，北有"镜湖"，南有庞山湖，中间一条"人家枕河"相连，水面占园林总面积的三分之一。著名景点有鹤亭桥、小飞虹、静远堂、古香书屋、庞山草堂、苏门砖雕和盆景园、历代科学家碑廊及咏石诗廊等。

静思园中的标志性景点当属庆云峰。庆云峰高9.1米，宽2.95米，厚2.24米，重136吨，2001年创灵璧石大世界基尼斯纪录。此石原为灵璧宋代花石纲老坑遗石，石龄达5亿年，是寒武纪海相沉积环境的产物。宋代面世后则千年尘封，鲜为人知，清朝乾隆皇帝以国家之力，欲求此石安置在御园中，憾未成功。陈金根先生3年中8次前往灵璧，终于探得宝石，携归江南。庆云峰奇特之处在于她通体密布孔窍，全石有1600多个孔，168个过桥洞，洞洞相连，委婉贯通。若在峰底举火，则百洞生烟，在顶端注水，则千孔喷泉，可谓鬼斧神工，大有乘长风破万里浪，直挂云帆济沧海之势，令人叹为观止。当年宋徽宗在修建皇家园林艮岳时，也得到过一灵璧巨石，名为"庆云万态奇峰"，与庆云峰有同样奇妙之势。只是沧海桑田，当年集千宠百爱于一身的"万态奇峰"如今已无处觅其踪迹，而庆云峰则傲然屹立于静思园中，接受游客的追捧。

静思园的构筑与苏州古典园林相比有了一些新的特点。

一是打破了苏州园林"文人造园"的传统。苏州古典园林多为经历过仕途艰险，宦场沉浮的失意官僚所筑，他们带着疲惫的心身来营造自己的精神乐园，医治心灵的创伤。所以，园林中小到一草一木，大到假山厅堂，都深深地印上了所属阶层和时代的烙印。静思园的主人以企业家的面貌出现，体现了新时期园林的文化特征和精神追求。

二是在传承的基础上创新。静思园场面开阔，建筑规模和形式都发生了变化。园内的廊、桥、厅、堂不再像苏州园林那样小巧，而变得宏伟宽大；融合苏式建筑和徽式建筑特点的鹤亭桥，无论是体量还是形式都未曾在苏州园林中出现过。而大面积用灵璧石取代太湖石更是前所未有。太湖石产于苏州西山，以瘦、透、漏、皱为特点，小巧典雅，若配以体量小的厅堂楼阁则相得益彰。但放在静思园的建筑前则显得纤秀有余，刚强不足。巨大的灵璧石形似山岳，能成为园中筋骨，象征园林的精神脊梁。

三是尽量使用历史遗物充当园中的建设材料，拉近与苏州古典园林的距离。陈先生是个有心人，他从上海、苏州、安徽等地搜集了大量当地在建设过程中拆卸下来的明清作品，用于静思园的建设。在园内的建筑中，60%以上的砖雕门楼和厅堂材料都是明清时期的，宋代的汉白玉石狮、元代"小九华寺"后花园里的湖石、明清的柱础、家具，都在这里找到了它们最后的归宿。

不过，静思园目前还有明显的缺陷：新栽的树木尚未形成蔽日浓荫，新砌的湖岸还没有留下岁月的沧桑，众多的建筑还需要高水平的文化妆点……。这些都需假以时日慢慢地弥补。

庆云峰

　　静思园是新时代园林的代表，自问世后，游客纷至沓来，络绎不绝，成为同里乃至苏州旅游的又一亮点。但也有参观者发出了异样的声音，看来静思园的认同同样需要假以时日。其实，人们对静思园的争论并不是静思园本身的问题，而是苏州园林传承过程中遇到的挑战。现代人造园，心境和目的都已与古典园林建造者相去甚远，过去那种以隐逸文化为主旨的造园精神在当今开放的社会里虽然能引起部分人心灵的共振，但难有实现的空间。苏州园林是一种精神的寄托和载体，当原有的精神已不复存在时，园林将被赋予什么样的新使命，陈先生正在寻找答案，许多人也在做同样的事情。但愿退思园不是苏州园林的绝响，静思园也不是匆匆过客或孤芳自赏，苏州园林定会有新的面貌走向未来。

鹤亭桥

古宅古风

同里是许多人的寻梦之地，沐浴在小桥流水边的鳞鳞古宅和阵阵古风中，现代社会的喧嚣和浮噪就被荡涤殆尽。掉尽朱漆的老门、缓缓游动的小舟、古朴清淳的民风，将人们带进幸福的回想。金钱与名利已不再重要，人们追寻历史的印迹成为惟一的目标。

遍地古宅

同里能成为江苏第一个全镇列为省级文物保护单位，凭借的是保存完好的古代建筑。走在同里的深街浅巷中，放眼所到皆为古宅。这些同里文化的载体，在经过数百年的风吹雨打之后，历史的痕迹仍一目了然。同里的古宅可分为两种：一种是达官富商所居的高门深院，自然雄伟气派；一种为平民百姓拥有的陋室低矮屋，却不失古朴典雅。

自同里建镇以来，深宅大院就是同里永恒的符号。尽管同里在历史的变迁中屡遭劫难，高门深屋牵连受累，但同里的大户众多，对建造豪宅从不疲倦。在嘉庆《同里志》"园第"一目中记载的明初至清中期同里著名的宅第有：何源的遗老堂、周镠的恒心堂、顾宽的寿乐堂、陈王道的孚寄堂、章宽的善庆堂、朱祥的耕乐堂、王有庆的师俭堂、顾宏的务本堂、王文沂的留耕堂、王铨的敬仪堂、任成德的经司堂、王锡的栖碧堂、顾曾唯的侍御第、周爱访的文衡第、金廷烈的大夫第、王曾翼的太史第及吴骥的吴家廊下等。而在嘉庆之后又有崇本堂、嘉荫堂及退思园等著名宅第问世。到目前为至，同里保存完好的深宅大院有40多处，是名副其实的古代建筑博物馆。

就单个建筑来说，"厅"无论是规模还是重要性都次于"堂"。周庄的著名建筑沈厅、张厅等都以"厅"相称，而同里则以"堂"定名，在名称上两地就有高下之分。周庄的建筑规模普遍小于同里，原因是周庄前街后河，限制了其在规模上的发展，即使像张厅那样占用河面上的空间，形成了一点特殊风景，但也无法称得上鸿篇巨制。而沿小岛周边砌筑道路的同里，房屋建筑则有了纵深发展的空间，加上同里的财富和传统，因而深宅大院比比皆是。两地以不同称呼叫响自己的建筑，形象地反映了二者间的差异，真不知是巧合还是有意为之。

耕乐堂

与计成故居隔河相对的上元街，最引人注目的民居是始建于明代的耕乐堂。耕乐堂初建时有五进52间，为前宅后园结构，是典型的宅第园林，其内亭台楼阁、池沼山石皆备。几经兴废之后，现存状况已非原制，住宅已缩为三进41间，占地6亩4分。最前面的门厅作露明三间，高大宽敞，其后两楼均高爽明亮，中间以庭院相隔，两边有厢楼连接。整个住宅区画梁雕栋，廊柱相连，显得紧凑而气派。从硬山式屋顶、山墙外的仿木砖博风、檐柱包方抹角等技术处理可以看出，现存宅院应是清代前期的仿明建筑。

进大门北拐向西的一条备弄通向后花园。花园以荷花池为中心，池边驳岸高低错落，弯曲迂回，静中有动。池东是花园的出入口，一块空地既使整座花园显得宽敞，也便于了解全园内容。池南是面阔三间的鸳鸯厅，厅前有一相对独立的小庭院。院东植有一棵白皮松，树皮斑驳，苍劲古朴。西墙垒有怪石奇峰，玲珑雅致。松声、石影，加上窗明几净的厅屋，夏日在此品茗赏荷，不仅暑热全消、心旷神怡，而且水动荷摇、情趣无限。鸳鸯厅西边的燕翼楼轻盈飘逸，如春燕展翅。燕翼楼主要取向于观赏西面景色，登楼推窗西望，近处可以俯视"西津晚渡""洞真灵迹"等同里诸景，远处则可遥望上方、穹窿诸山上的起伏峰峦和点点塔影。园主人经常在燕翼楼与宾客故旧观赏美景，咏诗唱文。燕翼楼底层天井东壁筑有一座

挺拔高耸、气势磅礴的黄石假山，并与荷花池融为一体。出楼北的月洞门，映入眼帘的是荷池西侧的一棵古松。这棵400多年树龄的古白皮松不仅虬枝苍劲，古意浓浓，而且斜悬池面，如龙戏水，成为耕乐堂第一奇景。树前是横卧水面的三曲桥，桥的北端连着跨水而筑的环秀阁。环秀阁与鸳鸯厅隔池相望，一高一低，相互呼应，构成对景。阁底是观察池面的最佳场

耕乐堂门楼

鸳鸯厅

环秀阁

所，游鱼觅食、水动莲摇均可尽情享受。上阁楼绕东侧假山盘旋而下，就走进了桂花厅。桂花厅自成院落，一对上百年的金桂银桂是耕乐堂的又一亮点。每到秋天，树桠上开满银黄色的小花，馥郁的浓香洒遍庭院。出桂花厅登双重廊，则满园景色一览无余，而园外的"南市晓烟"、古镇全貌乃至水乡田园风光则尽收眼底。

耕乐堂面积不大，但却充满情趣。园内层次丰富，变幻无穷，而园外野趣盎然，引人入胜。园内园外，虚实相映，由近及远，因借景而在有限的天地中描绘出广阔的场景。"室雅无需大，花香不在多"，正是耕乐堂的精致所在。耕乐堂的杰出离不开园主人朱祥的人文素养和高尚情怀。被很多作者目为"处士"的朱祥在嘉庆《同里志》中列于"高隐名贤"卷中，传称他"为人端靖详审，未尝有过，……至于临大事则卓有定见，毅然不可夺也。不喜浮屠，然遇缮葺桥梁观宇，则施舍不倦"[1]。他一生中最大的贡献，一是同里名流熟知的协助周忱在澹台湖上修建宝带桥，二是为周忱筹划奏请朝廷蠲免苏州、松江二府若干万石税粮，大大减轻二地人民的负担。这样的贡献足以让他进入朝廷当官，实现封建文人的理想，但朱祥选择了离开。他声称自己有疾病，坚决要求归隐。朱祥字廷瑞，号耕乐，字号与他的人生轨迹有惊人的相似之处。归隐之后，他勤于耕稼，得闲便与邻翁野叟徜徉于山水之间，深得耕乐之趣。他的举动赢得很多达官名贤的敬重，周文襄（忱）、吴匏庵等均有诗相赠，莫旦以志记之，祝允明则为他作墓志铭。

耕乐堂的人文背景和精美构思为其获得了极高声誉。1981年，耕乐堂被列为太湖风景区同里八景之一，1986年，又成为吴江市文物保护单位。如今古朴的厅堂和浓郁的花香吸引着游人流连忘返，体会着朱祥的胸襟与梦想。

嘉 荫 堂

尽管同里是一个经济和商贸中心，但商人在社会地位和文化创造方面显然没有当地的文人或官僚那样张扬和充分。这种情况直到嘉荫堂的出现才有所改观，只不过时间偏晚了点。民国十一年（1922年），一个与著名诗人柳亚子先生同宗的商人耗费白银2万多两，在竹行街尤家弄口营建宅地，给同里贡献了一座可以经得住历史考验的经典建筑。嘉荫堂主人柳炳南原本是同里一水之隔的北库人，他在吴江的

---

[1] 章梦易：《续同里先哲志》卷6"高隐名贤"，附于嘉庆《同里志》。

芦墟开设油坊发迹后,来到同里修建了这幢人称"柳宅"的住宅。

嘉荫堂占地1亩4分,共四进32间,主要特点是建筑精美、技术独特、雕刻精细。正门采用石库门式的墙门,墙面用水磨细清水砖砌置,以灰浆勾缝,显得整洁明亮,一种神清气爽的感觉油然而生。院内的建筑主要有仿明结构的"纱帽厅"、内宅堂楼衍庆楼与各建筑之

嘉荫堂外景

间相互连接的天井、游廊和庭院等。"纱帽厅"高大宽敞,肃穆庄重,用落地长窗和落地罩分隔空间,使大厅显得静谧和清幽。为了扩大游览空间,整修时将原第三进小楼建成庭院,小院东侧用湖石堆成简洁明快的花台,配以名贵的花木和空灵的峰石,西侧建有三曲游廊,将

前厅和后楼连接贯通。衍庆楼的细节非常精致,楼厅挑层上下均作磕头轩处理,楼上阳台和双步间的轩虽有大小之别,但同为"鹤胫轩"。而楼下前后不一,廊轩为"菱角一枝香轩",而内轩则制成双菱角的"菱角轩"。这样,上下两层、底层两轩之间同中有异,在统一中求变化,是江南古典宅园建筑中少有的创见。而楼廊挑层的柏口枋上,雕刻8路线脚,每路线脚有宽有窄,起伏不定,起用实体花纹,辅以缕空,层层相叠,虚实相间,形成鲜明的对比,给人以动态美的享受。

嘉荫堂由于占地小,缺少花园水池,只能借助于园外的水景。在衍庆楼的西北隅,临河而筑水秀阁,这是嘉荫堂在构思上的另一匠心。水秀阁小巧玲珑,十分雅致。人在阁中,可以静听风声、水声、橹声和船娘的歌声。向北俯瞰,两条石板路夹着街河伸向远方,在婆娑的树影中,三桥胜景隐约闪现。进入嘉荫堂的第一感觉是安静,这种氛围能让一颗烦躁不安的心慢慢平静下来,可以说是刻骨铭心。但商人应有的是一颗跳动的心,水秀阁让园主人在这里保持那颗跳动的心,将安静的宅院与喧闹的街市连接起来。

嘉荫堂的雕刻堪称绝妙,是同里传统文化的重要表现场所,令人叹为观止。"纱帽厅"到处刻着图案。五架梁正中两侧刻有"八骏图",

两端是"风穿牡丹"，梁底为"称心如意""笔锭（必定）高中"，"笔"为文章，"锭"为金钱，这是主人的理想追求。刻有"鹤鸣九皋"的山雾云和抱梁云，弥补了房梁山脊处的空隙。在一块拳头大小的峰头，还雕了寓意"连生贵子"的莲蓬。更为珍贵的是在"纱帽翅"（椑木）上的"古城会""三战吕布""三顾茅庐""草船借箭"等8幅《三国演义》戏文透雕，场面形象逼真，人物呼之欲出，可谓绝品。目前，这组木雕已被《中国戏曲志·苏州分卷》收录，成为中国戏剧史的重要资料。在厅前的鹤胫轩，中间的双步梁两侧是"梅、兰、竹、菊"四君子，东西尽间的双步梁则为"国色天香"牡丹和"凌波仙子"水仙。落地长窗的裙板和夹堂板上刻的是"博古图"，配以"春兰、秋菊、夏荷、冬梅"，东西两侧隔扇为寓意"金玉满堂"的白玉兰和"蟾宫折桂"的木樨花。整个大厅犹如一座百花园。

看到衍庆楼前的

仿木清水砖雕门楼就不难想象楼内雕刻的精美程度：门楼上枋刻有"暗八仙"浅浮雕，下枋"一块玉"中心则刻"福禄寿"三星的深浮雕，门楣字牌题刻"厚道传家"4字，表明园主人的处世态度。进入衍庆楼内，一幅幅惟妙惟肖的名人故事木雕让人无不为之倾倒。大梁的纱帽翅上原刻有8幅"二十四孝"图案，现仅存"老莱子舞彩娱亲"等4幅，整修时补刻了"江上渔夫图"等4幅图案，同时在轩内纱帽翅上还补刻了8幅层次分明的山水图，与原件相比，内容虽然不尽和谐，但雕刻技艺毫不逊色。在五架梁的两侧另有"伯乐相马""敦颐赏莲""羲之爱鹅""天骥放鹤""松下寻隐""高山流水"等8幅深浮雕，不仅技艺超凡，而且格调高雅。

嘉荫堂中值得一提的还有匾额和楹联。除了上文提到的"厚道传家"几字外，正厅的楼匾"嘉荫堂"3字是著名金石书画家钱君匋所题。在正厅桌后上方一幅松柏长青图的

衍庆楼门楼

庭院及马头墙（李正宪 摄）

两侧挂有"闲居足以养老，至乐莫如读书"的对联。衍庆楼内悬挂的对联是"春来堂前琴棋润，花满阶前几席香"。这两则对联字意平易简单，但所表达的意境却超凡脱俗，结合雕刻内容，不难看出主人在事业成功后修筑宅第的目的和追求。

崇本堂门楼

崇 本 堂

坐落在嘉荫堂的西北方与其隔河相望的是同里另一古建筑经典标本崇本堂。崇本堂位于富观街边，西与长庆桥三桥相连，坐北朝南，临水而筑。门前的清水石驳岸、单落水河埠、临水石栏和形如伞盖的"合欢"树营造了一个安宁、温馨的环境。始建者钱幼琴于民国元年（1912年）购买顾氏"西宅别业"部分旧宅翻建而成。整个建筑群占地不足1亩，沿南北中轴线纵深排列，共有门厅、正厅、前楼、后楼和下房5进25间，建筑体量不大，但非常紧凑。崇本堂从正厅到后楼，呈前低后高结构，民间称之为"连升三级"，是江南宅第纵深发展的范例，其实际作用是利于通风和采光。

崇本堂厅楼之间都有风火墙相隔，门楼和过道两侧的"蟹眼天井"既能通风采光，又能泻水防火。宅东是一条暗长的备弄，同里老宅多有此弄，它能将各进相对独立的院落串连成一个整体。崇本堂的备弄很暗，每隔一段距离，墙上都置有灯龛，用来放置照明的油灯。据说抗战时期，凶狠的日本侵略军在同里为非作歹，但惟独对幽暗的备弄战战兢兢，不敢轻易进出。

雕刻同样是崇本堂的精华。从正厅到内宅，共有木雕100多幅，内容各异，画面简洁明快，构图生动，刀法纯熟，令人拍手叫绝。正厅的6扇长窗裙板上除花卉博古图外，右面刻有象征"富贵平安"的牡丹和瓶子，左面刻着"招财进宝"的聚宝盆。所有长短窗的裙板上则刻有全套《西厢记》的故事，从张生游殿到长亭送别，共有14幅，形成连环画系列。

前楼底层长窗腰板上刻的是《红楼梦》"十二金钗图"10幅浅浮雕，有"黛玉荷锄葬花""宝钗执扇扑蝶""湘云醉卧芍药"等，可谓精工细作，栩栩如生。长窗的裙板上则为寓意吉祥和好的图案，如象征多子多孙的"松鼠葡萄"，表示喜事来临的"喜鹊红梅"，及"双燕桃花""锦鸡绣球""梅竹绶带"等。

后楼共有木雕58幅,是崇本堂雕刻的精华所在。东西步柱与檐柱之间的4扇隔窗裙板上刻有"福禄寿禧";东西五架梁下的隔窗上分别刻有"八仙图"和"琴棋书画""渔樵耕读"等8幅图。八仙惩恶扬善、劫富济贫的精神和耕读人生正是宅第主人的美好寄托和现实追求,自然精美绝伦。

崇本堂的门楼不能不提。前后3座门楼字牌上分别书写着"崇德思本""敬侯遗范""商贤遗泽",体现了主人治家立业的宗旨。门楼上的砖雕丝毫不亚于厅堂中的木雕。崇本堂门楼面北伫立,上方设置仿木结构的飞檐斗拱,拱眼板上刻着夔龙细纹。"一块玉"两端饰如意香草纹,中间刻宝相花,里面还有暗喻升官发财的"鲤鱼跳龙门"深浮雕。门楼字牌两侧各有一幅人物山水画,中部是遒劲有力的"崇德思本"字牌。砖雕的正脊上一幅"望子成龙"图,上面人欢鱼跃,妙趣横生。

如今在崇本堂的门厅里又修建了喜庆民俗博物馆,布置有婚礼堂、福寿堂,当同里人在传统的"走三桥"庆祝婚娶、生日活动后,再到崇本堂,可以享受一下古典喜庆活动带来的喜悦和祝福。

在苏州的东山古镇,有一座整幢建筑以砖木雕刻出名的雕花大楼,这幢商人住宅建于清民之际,与同里的建筑雕刻几乎同时建成。东山雕花大楼举世闻名,已成为天然摄影棚和建筑雕刻经典。但相比之下,无论是技艺、数量还是内容,与之同样精彩的同里建筑雕刻相比显然不够响亮。究其原因有二个方面:一是退思园的巨大光芒掩盖了同里建筑雕刻的光辉,有"既生瑜,何生亮"之尴尬;二是同里在建筑雕刻上的开发尚存欠缺,像朱宅五鹤门楼这样的旷世绝品尚淹没在破旧老宅之中,令旅游者无法观其真容。作为同里古镇的重要内涵,建筑雕刻的价值越早被社会认同,同里给世人的惊喜也就越多,旅游者的遗憾也就越少。

务 本 堂

俗称叶家墙门的务本堂位于新填街,差不多是同里镇的最东部。《同里志》中写到:"(务本堂)在成字圩,乡饮宾顾宏宅。陆宇题额,中有浣松轩、勤补堂。诸生顾我锜、乾隆甲子举人顾我钧所居"。务本堂坐南朝北,面街临河,占地达2000多平方米,超过了嘉荫堂和崇本堂的总和,是一个相当规模的建筑群。与崇本堂一样,务本堂也有一条深长的陪弄,既是出入的通道,又是整个建筑群分为东西两块的界线。在务本堂的布局中,让人们奇怪的是如此庞大的建筑群竟无一口水井。庭院中的老井几乎是江南古民居的标志之一,其不仅为居民日常的饮用洗涮提供了方便,更为重要的是其在以砖木结构建筑中的防火意义。务本堂舍弃水井应当说冒着巨大的风险,值得主人这样做的理由据说是因为风水:务本堂的祖先颇懂风水,认为其建筑格局犹如朝南卧伏的仙鹤,墙门是仙鹤张开的嘴,临河的水和河对岸的大片青草能让仙鹤生生世世吃喝不愁,这是绝佳的风水。惟一遗憾的是墙门内不能掘井开泉,否则仙鹤取水后会展翅而飞。为了保住这神秘的风水,生活在务本堂的人们不得不付出巨大的劳动,祖祖辈辈每天从门前的河中拎水。

务本堂前后共5进,分轿厅、茶厅、正厅、楼堂、下房。其中既有明代风格的建筑遗构,又有清代建筑走马楼等。它屡经修葺的历史一目了然,也为人们提供了研究明清建筑手法的宝贵实例。务本堂的正厅面阔5间,居同里宅第中高大宽敞之首。船厅是该建筑群中的最大特色,其造型别致,雕刻精美,模仿画舫建造,共有5舱,相互间用雕花隔扇分开。左右轩如船舷,设有"吴王靠",船窗选用明瓦,开启时用竹竿撑起。

在同里,很多住宅喜欢以"本"命名,除了我们介绍过的务本堂、崇本堂外,还有"思本"等名。在中国古代文化中,"本"至少有3种常见的意义:一指储君,俗称"皇太子",称为"国本";二指农业,为经济基础,国家立足发展的根本,称为"农本";三指老百姓,国家统治的基础,称为"民本"。同里远离国都,"处江湖之远"的知识分子和官绅能"忧君"已属忠朴过人,根本没有"思"太子的理由。同里是米市,可以说以农兴镇,而镇上的大户多数是经营土地起家的,也可以说是以农兴家,因此,"农本"不能不重视。同里人走读书做官道路成功的很多,他们大概都懂得点"载舟覆舟"的道理,而且他们的幸福生活是从老百姓那里得来的,因此在修筑豪宅的同时,思念一下衣食父母,提倡"民本"应是自然的。在同里千年的发展中,豪门兴衰如过往烟云。世代繁盛是大户们的共同追求,"以人为本"、"厚道传家"才是世代立足之本。所以,"本"在同里人的心目中格外重要,是同里耕读文化的精髓,"思"之"崇"之理所当然。

朱宅"五鹤门楼"砖刻

陈家牌楼

　　侍御坊俗称陈家牌楼，指的是明朝南京监察御史陈王道的宅第。
在这所同里最气派的建筑群中，孚寄堂是中心，所以，人们又把这里
称为孚寄堂。

侍 御 坊

　　陈家是同里屈指可数的旺族，从陈王道族祖、明成化举人陈广起到清嘉庆五年（1800年）陈兆彪中举人止的300多年中，陈氏11代有进士4人，举人10余位，贡士、名流众多，仅收入嘉庆《同里志》的就有数十人，这样的阵势在同里几乎是仅有的。

　　陈氏家族在嘉靖时得到第一次光大。陈王道中嘉靖乙丑科进士，先后授鄞县、阳信两地知县，"皆以才能、廉慎著两邑，祀之名宦"[①]，在官场几经升迁，终于升至南京监察御史。陈王道在官场中留下的最大政绩是上书要求政府整修南都贡院并得以实施，让已难遮风避雨的贡院号房盖上了瓦。贡院号房是举人改变人生最难熬的关键场所，条件的好坏会让他们刻骨

铭心，因而此事被史书屡屡提及。陈王道死后，皇帝为表彰他为官清廉，政绩卓著，赐给他一座三开间的牌坊，于是，同里便多了一座高大雄伟的牌楼。陈家牌楼由4根直径1尺左右的方形石柱支撑，坊上有3个品字形的戗角歇山顶，飞檐翘角、紫青筒瓦以及许多华丽生动的飞禽走兽使整座建筑显得庄重而华贵，正中额板上刻有每字近1米见方的"清朝侍御"4个大字，下面则刻有"大明万历庚辰为南京监察御史陈王道立"。坊前还有一对2米高的大青石狮、六对分列的旗杆石，将牌坊衬托得更加威严。坊额上的"清朝"二字意为廓清朝廷，这也是御史的职责。但在封建官场，尤其是在腐败混乱的万历时期，言官尽职尽责的并不多，陈王道能做到"有直声"实属不易，受赐牌坊不算虚妄。

---

　　① 嘉庆《同里志》卷11"仕宦"。

陈王道之后，陈家一直人丁兴旺、功名不断，清康熙三十九年（1700年），陈王道的五世孙陈震沂再中进士，陈家的发展达到了巅峰。陈震沂"博学工诗，有盛名"，有著作《狷亭集》、《微尘集》等五部。中进士后，他在官场上也颇为顺畅，任礼科给事中时曾奉旨督学山东，主持过两届乡试，是山东众多学子命运的主宰人。在完成山东的督学回朝后，就改任刑科掌印给事中，但没过多久，陈震沂以衰老乞归，结束了游宦生涯。和御史一样，给事中也属言官，负责对官员进行纠察。不知是历史的巧合还是家族的传统特点，陈氏两代显宦都长时间地担任言官，且在此位上达到个人政治生命的高峰。

但不同的是，陈王道在官场上留下清名，为陈氏家族赢得一座令人瞩目的牌坊。而没有获得牌坊的陈震沂则在修葺了祖上牌坊的同时，大兴土木，筑起了同里历史上规模最大的宅第。

陈家牌楼临河而立，前面是两丈多宽、整齐平坦的石河桥，可以停泊大型官船。牌坊前的空地上植有两棵树冠如云的老榆树，加上旗杆石和大石狮，足以显示当年的喧闹与气派。牌楼之后就是陈家老宅，包括陈氏家祠、孚寄堂和大花园。孚寄堂原名宏略堂，是陈王道时的老宅第，规模不大且相对简朴。陈震沂为了显赫乡里，对老宅进行扩建和改造，在原宅的西侧大修新宅。他在江西买下一座山头的树木，从水路运回同里。依

陈家牌楼

内码头

船舫浜

靠这些木材，依次建起了茶厅、大厅、房厅、堂楼等，据传其占地之多达古镇的半壁江山。陈宅不仅规模巨大，而且建筑体量、造型设计、工艺水平均堪称同里之首。陈宅的单体建筑除茶厅是三开间加两暗室外，其余各厅均为五开间，东西两侧还有长达百米的备弄。各栋建筑都为飞檐翘角，气势恢宏，宽敞典雅。每厅之前都有水磨清砖砌就的雕刻门楼，十分细腻的透雕内容丰富，形态逼真，技法雅丽。各厅之间绝不像多数同里宅第那样局促，有宽阔的石板天井。

更为突出的是，在同里，一些名宅连水池尚不能自备，而陈家却将河浜开进宅中。中门对面的河浜出玉带桥与后港主河道相连，河浜

漆雕御史府布局

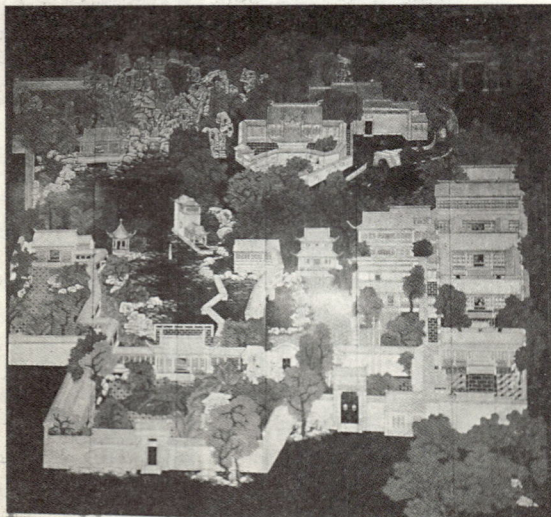

尽头建有一座石码头，由石柱高高撑起的船舫分上下两层，上层供船夫歇宿，下层停泊舟舰。浜底水面宽阔，可供船只掉头和多艘船只停泊。由于这座船舫是全镇最有名的船舫，因而陈家专用的河浜便叫做船舫浜。

但让陈震沂没有想到的是，他花费巨资精心修筑的豪宅，却在转眼间成为别人的产业。新宅建成后不久，康熙皇帝驾崩，接位的雍正帝对朝廷进行大换血，很多前朝旧臣遭到清洗。尽管陈震沂早已告老还乡，但还是受到牵连，引来灾祸：家产被抄，新建豪宅被籍没，本人也在书房中吞金自尽。陈震沂的死因至今不明，是同里历史上的一大谜案，陈氏家族在这次打击中也走向了衰落。

雍正五年（1727年），连同船舫在内的陈家新宅由政府官卖给了刘姓，老宅在几年之后改建为太湖水利同知署，留给陈氏后人居住的仅仅是东面的牌楼及其附属祠堂。刘氏购得宅园后，改名为"敦睦堂"，同里人也渐渐地把船舫及这片住宅称为"刘家船舫"。在当地的民谣中有一句为"陈家造房刘家住"，可见这一变故在同里百姓心目中有多么深的印象。由于此事极富戏剧性，加上陈氏家族旧物中有珍珠塔的记载和神秘色彩浓郁的侍御坊，一个以陈家为背景、珍珠塔为主线的才子佳人故事开始在民间流传。

住在同里最豪华宅第中的刘家，没有像陈家那样张扬，他们在这里作画，培养着画家，静静地过了200多年。直到20世纪初，陈家老宅（应称"刘家船舫"）还基本保持着当初的规模。当时生活在同里的冯英子先生写道："在到北观去路上，和东溪隔河相对，有一个陈家牌楼，那里确实有一个石牌坊，规模很大，好像有五开间的样子，牌坊后面都是大房子。同里的房子不少和苏州一样，从外表看起来，非常一般，常常是一个四扇门或六扇门的墙门间，但一到里边，却曲径通幽，一个厅接着一个厅，楼台亭阁，华丽堂皇。有的房子进门是一条长长的黑黑的弄堂，你从阳光下进入这样的弄堂，常常会伸手不见五指，但沿着弄堂前进，过一段路一个侧门，侧门里头是一个世界，或一房家族，陈家牌坊的房子就属于后面的这一种形式。"[①]

到了20世纪中叶，陈氏祖居大都倾圮，祠堂已夷为平地，破旧的牌楼在风雨中飘摇。而刘家船舫仍基本完整，只是住着不多的刘氏后裔，并已被外界逐渐淡忘。一次火灾引来了消防队，人们才注意到在同里镇中，居然还有几座偌大的厅堂未被利用。于是，原有住户逐渐搬迁，这里变成了仓库。

珍珠塔景点群

"文化大革命"期间，陈家牌楼被推倒，石狮子也不知所终，整个建筑区被工厂占用，只有传说中的陈翠娥小姐绣楼和极少数的厅房、书楼还孤立于工厂之外的残垣烂瓦中。

随着同里古镇文化发展和保护工作的加强，修复甚至重建陈家牌楼的设想已变成现实。2003年4月，以珍珠塔故事背景为设计依据的"珍珠塔景点群"构筑工作历时两年而竣工。

"珍珠塔景点群"由御史府、后花园、祠堂和牌坊4个景点组成，占地约27亩，是目前同里古镇范围最大的宅地园林。处于东部的御史府前后4进，是典型的江南宅第，相比同里其他古宅，显得更宽松、敞亮。门厅高大阔绰，上书"御史府第"4个字，前有雕刻精细的抱鼓石一对，给人以威严气派的印象。进门厅，过轿厅，便是御史府主厅宏略堂。宏略堂气势恢宏，陈设典雅，檐口上的彩绘木雕格外引人注目。宏略堂之后是兰云堂，进入内宅，明式家具、落地长窗及长窗上的历代故事雕刻是该堂的主题。出兰云堂，过石库门堂楼、闻香读书楼、玉兰堂等建筑映入眼帘，而闻香读书楼

---

① 冯英子：《同里杂忆》，吕锦华等：《在水一方——名人笔下的同里》，人民文学出版社，1999年。

正是当年相传的"陈翠娥书楼"。

后花园总体格局仿苏州园林，包括池塘流水、亭台楼阁、假山怪石和名花瘦竹一应俱全。后花园取名撷秀院，中心建筑是清远堂，其前临池水，隔池与湖石假山、小兰亭及数叠瀑布相对。左出清远堂，有伫立水畔的绿秋亭、紫薇亭、绿绮亭和景明轩。右出清远堂，可达浮翠舫和半架于水的古戏台，楼船式的浮翠舫，前为亭，中为舱，后筑楼，静卧水池北岸。

祠堂在河浜旁，为清代建筑，肃穆森严。享堂内供奉着祖宗神位和画像，两侧厢房则是列祖列宗牌位。由于它的特殊作用，平时空旷安静，只有在举行春秋祭祀典礼时，才会香火袅袅，人流涌动。重建的牌坊仍作三开间，歇山顶、大飞檐恢复了原有的气势和规模。清理后的河浜整洁通畅，两岸绿树蔽荫，小桥、驳岸、河桥以及浜底的船坞都会让人想起昔日的风光和节奏。

后花园一角

南市晓烟

　　同里秀美的景色、丰富的古迹和多彩的生活很早就成为同里人欣赏的对象。早在明代初年，曾任清丰教谕的吴骥就对同里自然、人文资源进行品题，在他的著作《归田稿》中先后推出"同里八景"、"同里续八景"，并在民间广为流传。"同里八景"依次是：长山岚翠、九里晴澜、林皋春雨、莲浦香风、南市晓烟、西津晚渡、野寺昏钟、水村渔笛。续八景为：法喜骄祥、洞真灵迹、仁济梵宇、翊灵古祠、东溪望月、西皈夕照、北山春眺和忏院钟声。有了这16景，同里人还嫌不足，又续补了罗星听雨、梅山香雪、松亭秋色和白云遗迹。这20景涵盖了同里所有精华，或听或闻，或春踏或秋临，在文人们生花妙笔的妆扮下，让人生出无限遐想和冲动。不难看出，春花雪月、晨钟暮鼓是这些景点的主色调，反映同里世俗风情的却极少，而"南市晓烟"就是这极少数的代表。但是，环境变化、历史洗沥和社会变迁已让其中的多数景点渺无踪迹，即使幸免于难也难觅昔日风貌。幸运的是"南市晓烟"，她因保存完好的同里街区、河道而能让我们依然领略其旧有风姿。

南市晓烟

　　"南市"是指同里南埭小菱湾一带，西北东南流向的上元港和南北流向的市河在这里交汇，形成一个"十"字港湾。这里水面广阔，是舟楫停泊、货物搬运的场所。每当东方破晓之时，小菱湾的河面上便百舸争泊，商品汇集，人流涌动，热闹非凡，展现出一幅标准的水乡早市风情画卷。

　　同里早市的形成既与我国初级市场的特点相吻合，也和江南的地理条件、商品交换网络状况有关。早睡早起是农业社会的特点，自古以来，中国一级市场，尤其是农产品市场均以早市为主，以保证农产品尽早进入消费者手中或二级市场，保持产品的新鲜和质量。而江南地区水网密布，产品运输以船载为主，鱼鲜和菜蔬一般都是当天消费，产销距离不会太远。一个市镇往往覆盖周围几十里的范围，农家进市场销售产品，往返时间不能过长，为了追求高价，尽量赶上早市，也便于当天返回。否则，既卖不出价格，又耽误农时。

同里在明代已是江南巨镇，经济水平和商品交易相对发展，"南市晓烟"正是同里社会经济繁荣的表现。同里文人对南市商业社会风情有很多精彩的描述，明代诗人赵重道和吴骥都有诗篇传世，而且相当优美。赵重道的《渔家傲·南市晓烟》写道：

> 富土由来称绝丽，而今南陌烟光翠，台榭高低临水际。人如蚁，雨挥珠汗云连袂。
>
> 错落牙筹波鼎沸，花影凌乱莺声碎，独共他乡风景异。天初霁，吴侬解弄千般技。

吴骥的长诗《同里八景·南市晓烟》也对同里早市位置、市场兴旺状况、人流拥挤程度及交易踊跃情景叙说得清清楚楚。

南园茶社

尽管赵重道与吴骥在他们的诗中都没有明确提及茶楼，但茶楼却是南市经济活动和社会活动的重要舞台，具有特别的意义。市镇上的牙侩、坊主、店主和远近客商，往往都以茶馆作为交易场所。某些行会也以固定的茶馆定期举行茶会，互通信息、商定价格、制定规章、交际联谊。由于茶馆容纳各种人员，信息灵敏快捷，交流方便，打探市场行情的人只有到茶馆才能准确而迅速地得到情报。茶馆还是民间仲裁中心，各种纠纷可以在这里争论陈述，再由茶客们劝说或断决。茶馆更是消遣娱乐之地，听书赌钱、喝茶聊天，无所不能。

对于入市的远近农民来说，茶馆的作用就更大了。为了赶早市，进镇的农民半夜三更就得起床，而后摇着小船、载着货物赶路。船到南市，天色将明，在水湾岸边将船停稳后便开始叫卖。等到天色大亮，货物大多出手时，早已饥肠辘辘。这时他们才有时间离船上岸，踏进茶楼，叫一壶茶，就着自备的干粮点心，裹腹充饥。在喝茶的同时，他们还会与周围的人进行攀谈，交换对年成的看法，了解快要上市农产品的价格。当然，他们也会谈一些社会新闻、乡间怪异、身边琐碎。当太阳高升、早市收尾时，喝茶的农民陆续从茶馆里走出来，在沿街店面上买些油盐酱醋、日常家用后，带着一脸的满足收船回家。所以，清晨的茶馆生意特别好，茶馆门前的河桥停满船只，楼上楼下

南园茶社

人声鼎沸，进进出出的茶客们呼朋引类，厅堂上下几乎座无虚席。江南地区的渔民世代沿袭着"两头茶水，当中湖水"的习俗，晚上的茶水可以在家中解决，而早上的茶水连同歇脚、漱洗、用餐只能依赖于茶馆。因此，茶楼在这里又被人们称作"渔人码头"。

贸易繁忙的同里南市茶馆林立，吸引着大量的茶客来此消遣。号称"江南第一茶楼"的南园茶社就是南市茶馆的代表。号称"江南第一"自然有点夸张，但南园茶楼的格调确实不凡。茶社初名"福安茶社"，因陈去病、柳亚子等人曾在此商讨成立"南社"之事，后人即称之"南园茶社"。茶楼位于值南、塘湾两河交汇处，隔水与水阁亭相对，东南两面临水，水面开阔，北侧东埭、南埭两街相交，出入方便。茶馆分上下两层，全木结构，古朴典雅。二楼设有雅座和题名为"南园艺苑"的小戏台，不时有弹词和地方小调表演。来此消费的茶客既可凭栏眺望河面上的船只穿梭，聆听古桥边的叫卖声声，俯看石街上的人流滚滚，欣赏薄雾中的亭尖树影，也可专注于茶楼内的香甜清茶，优美曲调，水乡民乐，八方传闻。如今，南市的商贸已失去往日的繁忙，称作"渔人码头"的茶馆也缺少了渔民的捧场，但南园茶楼继续追求着其"江南第一茶楼"的梦想。南来北往的旅游者们络绎不绝地来到这里，看看在现代城市中已抛弃的老虎灶，听听茶楼跑堂那悠长的吆喝声，点一壶清茶，想象这里曾经有过的辉煌。

明清老街

同里的园林、古宅、石桥、风情都会给人留下深刻的印象，但最让人回味和眷顾的还是老街。当你在老街上漫步，犹如时光倒流，脚步会越走越慢，烦恼则越离越远，心情也越来越佳。什么样的力量会形成如此效果？是历史的沉淀，是几百年来聚集的古朴、安祥和静谧。

长街短巷

同里的老街分别被冠以街、圩、埭和弄。街和弄是各地的普通称呼，而圩、埭则极具地方特色。圩同"围"，是指在水中围起一块土地，埭是指高出水中的一块土地。同里是由15个漂在水上的小岛组成，非圩即埭，以圩或埭相称更贴近实际。时过境迁，有很多宋元以来称为圩和埭的街道已被人们改为街和弄了。

同里的主要街道有8条，因区域分工不同而形成各自特色。有的宁静、安谧，有的绿树葱茏，有的依屋带水，有的商业繁忙。同里因水成市，因水成街，水与街连为一体。尽管市河两边都有整齐的驳岸，但驳岸上间隔紧密的河桥方便了街上的人们对河的亲近，可以随时走下河桥，享受碧水。街的一边是水，另一边就是民居。一座座院门面街临水，大门的后面

则是一方方梦幻天地、一个个传奇故事，在街道的串联下，组成了同里的内在神韵，汇聚了同里的曾经辉煌，流入市河，走向世界。

与南方古镇一样，同里的老街大多由一块块长方形的青石板铺成，长期的人流踩磨和风雨浸润，石板变得光滑明亮，石缝里长满了厚厚的苔藓，岁月的沧桑一望便知，这样的石街走上去惬意、沉稳、陶醉。有的老街则是用一个个圆圆的鹅卵石铺就，筑路的匠人利用鹅卵石在街上构筑了一幅幅花纹图案，再加上用红砖片细心镶嵌的花边，街面就像绣花的地毯，走上去小心、满足，并伴随着梦想。雨中在老街上行走多半是以浪漫的名义发生的，但浪漫不是生活的全部，甚至仅仅是生命的点缀。同里的老街也是一样，下雨会给出行带来麻烦，于是，人们在老街之上盖起弯弯曲曲的廊棚，行人在雨天穿行老街，不仅不需要撑伞，连鞋

街 景（汪梅生 摄）

也不会湿。在同里西北部的蒋家桥和陆家埭一带至今还保留着古街廊棚，游人来此既可观其大略，也能在廊棚下歇歇脚，喝口水，接受一点古风的沐浴。

同里的街面并不宽阔，因为沿河，并且多为两街夹一河，视野就变得开阔起来。走在同里的街上，可以观看对岸的街景，观看对岸水、街、树、民居组成的水乡画卷，还可以看到镇外的塔光树影，看到西山的峰峦叠嶂。同里的街也不直，它们沿着市河的走向曲折迂回，变幻莫测，引人入胜。

同里是由小岛（圩头）组成，街是沿着岛的边缘砌就的，岛与岛之间有古桥相连，而承担通向小岛内部职能的就是弄。同里的市河犹如人身体上的血管，街道是主神经，而弄则是通向身体的每个细小神经，牵动着同里的各个角落。

街道上的一个拐弯处，也许就是一条小弄的入口。细长的小弄，在两旁高高风火墙的映衬下，愈发显得狭窄、幽深。被行人磨得油光的石板路，灰暗的墙壁，成片的深绿色苔藓，黑漆斑驳的院门以及偶尔从院墙里爬出的藤蔓，使弄堂的风格和韵味与街道迥异。与街道相比，小弄则更加幽静、深邃。铺在阴沟上的小弄石板，在行人脚步的敲击下，发出"笃笃"声，悠长而清脆，放大了弄堂的寂静。

鱼行街上的穿（串）心弄，虽然已不能确定它形成的时间，但无疑是同里古镇上最具特色的一条弄堂。全长300多米，仅可容一人行走，对面来人则须贴墙侧身而过，其逼仄、幽深可想而知。走在穿心弄里，脚下的条石能发出"咯落咯落"之声，人们又称其为"响板弄"。在如丝细雨中，撑把油纸伞，谨慎地行走于穿心弄里，其中感受只能意会，无法用语言形容。

同里的弄常常横穿过一个圩头，从小岛的一边走到岛的另一边，连起了两条街、两道河。富观街边的仓场弄，南连太平桥，北接富观桥。弄内住有很多居民，赴市场、上河桥都得出入此弄，但弄堂也仅容一人通过，被称为"一人弄"。

同里的弄数量众多，特点明显。尽管有的弯曲、有的笔直，但少有死弄堂。不论宽窄与长短，走在同里的弄堂中，总能找到它的出口。与同里豪宅中的备弄一样，同里的弄堂也串联一个个院落，在那些掉尽朱颜的老门里，总有一些神奇和惊喜在等着你。

明清遗风

"明清遗风"是费孝通先生为同里新填街入口的大理石门楼题写的匾额。同里镇将新填街作为明清古商业街保留下来，称作"明清一条街"，以便让人们通过新填街感受明清时期的同里。

在同里众多街道中，选中新填街是基于她

旧有的功能和优越的地理位置。从名字也能看得出来,新填街在同里古镇当属"新区"。在清朝初年,这里还是一个荷花荡,以后才逐渐形成街区。"国朝居民日增,市镇日扩,中有放生河,河有数亩,菱芦丛生,为荷花荡。今日渐淤塞,填土架屋,亦成闹市,俗称新填地,仅存一浜潭。"①新填街紧靠中川桥,西连有"南市晓烟"的竹行街。民国时期,东起新填地,西至西埭,在全长1公里多的商业街上,集有600多家商号,60余种行业。如今,明清街是进入同里古镇后的第一站,也是现今同里镇的中心区域。

明清街主要是新填街西段,全长160多米。不宽的古街仍是原来的条石路面,两旁的建筑也多为明清时期所建,是货真价实的明清街。街上保持古代风味的商店鳞次栉比,有的前店后宅,有的下店上宅,写着店号的各色招旗悬挂在空中,随风飘动,秀出阵阵古风。靠市河一边的店

新填街沿河

① 嘉庆《同里志》卷1"沿革"。

世德堂圆门

世德堂正厅

家，屋后枕河，屋前筑有过街楼和廊棚，给游人带来暖流和真切。目前，明清街出售的商品主要有四类：当地的土特产、各种精美的工艺品、名人字画和同里的特色食品，看得出，这些大多是给游客准备的。而老街入口处的高大门楼，仿佛是古今两个时代的门槛。跨入门楼，恍如隔世，沧桑之感油然而生。

建于清代道光年间的世德堂是典型的百年老店。世德堂前后5进69间，是同里名宅之一。主人曹氏，世代书香，远近闻名。在光绪年间，曹氏的一支弃文从商，办起益隆酱园，破墙开设店面。益隆酱园前店后坊，高薪聘请把作师傅，独家精制的"白元酱油"和"本绍酒"作为主打产品，还经营官盐，批零兼行，业务量大，远近闻名，是新填街上的同里名店。相传，有一位三绺长须的神仙老人常年为益隆酱园的酱油"点酱"，他怀中葫芦里所藏的调味灵丹，让益隆的酱油格外香醇。在原来益隆酱园里，曾悬有"神仙真人"匾额，神龛里常年供着一尊三绺长须的白面菩萨，是对老神仙日夜辛苦的报答。如今，世德堂的店堂和作坊已全面修复，内宅改建成"世德堂宾馆"。宾馆客房错落在园林之中，房内摆设的都是清代实木家具，是同里利用古民居发展旅游业的成功范例。

除了世德堂外，拥有石库门铺面的永大南货行也是明清街上的名店。该店店面宽敞，能同时容纳两百多顾客选货购物，还兼营批发和运输业务。明清街中段的丰绸布庄，资金雄厚，货源充足，买卖兴旺。正当其鼎盛时期，却于1932年的一天半夜，因煤油灯而引发大火，全镇消防队员和青壮男人虽奋勇扑救仍化为灰烬。

古风盎然

被水包围的同里从来都不寂寞，创造出经典园林、精美雕刻的同里人也善于在日常的生活中寻找快乐，营建他们的精神世界。

"十里不同风，百里不同俗"，在独特地理环境下发展的同里，既有与苏州乃至全国相同的民间娱乐文化活动，也有其独创的民俗民风，一年四季，都有丰富多彩的水乡特色活动。

元宵灯会

正月初一至初五，除了一般的新年庆祝活动外，同里人普遍要做的还有"点罗汉"。在俗称南观的仁济道院，没有塑像的罗汉堂里挂有十八罗汉像，四乡八邻的善男信女都来此祈求一年的平安。"点罗汉"的规矩是人们的左脚先跨进罗汉堂，就从左边点起，按照自己的年龄周而复始，点到哪个罗汉，则以他的喜怒哀乐来作为一年运道的象征。如右脚先跨进罗汉堂，则从右边点起。尽管这种卜算的方式简单而原始，但同里人却都乐于此道。同里"点罗汉"始于何时已难考证，嘉庆《同里志》中记有此俗，至今已达200多年。

同里的灯会从初四晚上开始，直到元宵节达到高潮。与"点罗汉"一样，同里灯会的历史同样悠久，"上元佳节，翊灵神院张灯结彩，笙歌喧沸，至半夜始散，名曰灯会"[1]。嘉庆以后，灯会开始的时间向前推移，并加入了各种欢庆活动。"上元前后，农民张锦灯、穿锦衣、骑纸马、执纸旗，装演故事，鸣锣击鼓中，有龙灯或一或二三，鳞甲蜿蜒，青白相间，街坊相斗，名曰串马灯，村庄市镇极其喧闹。"[2]清末到抗战之前的灯会期间，每天下午都有书写当天灯会节目预告的红纸贴在泰来桥堍的揭示牌上。刚开始的一两天，只有灯会发起的地

---

① 嘉庆《同里志》卷6"风俗"。
② 嘉庆《同里志》卷6"风俗"。

同里中心戏台

段和行业组织几条龙灯和三四个化妆节目。随着时间的推移，参加的行业和地段越来越多，附近的农村也组织节目加入，灯会的队伍骤然壮大，成为同里镇上的一大奇观。参加灯会的节目主要是龙灯和各式彩灯，舞狮子、打莲湘、踩高跷、摇湖船穿插其中，配以锣鼓和丝弦管乐，可谓火龙翻滚、锣鼓喧啸。当灯会达到高潮的那几天，镇上的大街上到处是看灯会的观众。灯会表演者也格外卖力，各个地段的演出节目也越来越多，甚至有十六七个，并在服饰、表演、灯彩、音乐上相互竞争。为了在演出中出彩，有的邀请回乡过年的行家票友客串，表演传统戏目和折子片断，自然出尽风头。有的

出钱从苏州等地租借色彩艳丽的戏服进行包装，格外引人注目。"串马灯"队伍很长，有时竟达两三里路。节目也是名目繁多，花样百出。民国年间有过一组"蔡状元督造洛阳桥"的彩灯，穿红着绿的"蔡状元"骑着高大白马，在仪仗的引导下，威风八面。俗称"三百六十行"的"百业兴旺"彩灯，则有象征"渔、樵、耕、读、医、卜、星、相、卖油郎、穿珠婆"等的各色彩灯沿街行走，情趣盎然。灯会沿着周家坟、南旗杆、陆家埭、南埭、东埭、竹行街、新填地等路线缓缓前进，灯影倒映在微微起伏的河面上，流光溢彩，摄人魂魄。灯会每到一开阔场地，等候在那里的观众点燃鞭炮，

龙灯就得停止行进，圈场舞起龙灯。在一些大的商店和茶馆门口舞龙灯、表演节目的，演出人员会得到店老板发给的点心，如酒酿饼、米糕等。元宵节灯会已达最高峰，除了"串马灯"之外，镇中心地带还有"清音班"演奏的"三六、花板、欢乐鼓、龙虎斗"等江南丝竹，"轻飘游、笛合八、合八七二五"的十番锣鼓和"跑马雨夹雪、七五三、跳财神弄"的民间锣鼓。同里元宵节丰富的活动远近闻名，吴江甚至苏州的客人也雇船赶来观看。如是风调雨顺之年，同里的灯会就更为热闹。

同里灯会如此成功除了传统的影响和同里人热爱这两个根本因素外，出色的组织是关键。在同里，各行各业、各地段、各阶层都有"园"这一组织，它们由一些志同道合的业余爱好者组成，自行筹划和排练，灯会时自行演出。"南北园"是由一批富人凑成的，他们的活动地点在顾家花园，因为舍得花钱，人才又多，表演很是出色。但穷人也不甘置身其外。有一年，东溪桥畔的苦园菜馆的长茶客也凑成一个演出单位，牌上写明"苦园"二字，两侧则分别写着"苦中作乐""忙里偷闲"，显然是对"南北园"的挑战。有些组织实力强劲，表演分外精彩。清末民初时，米行的一条"满龙"舞得最好，龙灯队的演员配合默契，动作潇洒，忽而跃步飞奔，忽而猫腰疾走，忽而仰卧倒地，

忽而健步劲舞。即使在寒冷的冬日，一场表演下来也会大汗淋漓，但为了博得人们的喝彩声，沉浸在欢乐中的小伙子们忘却了劳累和汗水，心甘情愿地奔跑腾跃，竭尽所能。

元宵节后到农历三月初，人们还沉浸在欢庆春节的余兴中，接二连三的春台戏是同里人的新宠。"春台戏"被同里人目为大戏，一般指京剧，常在一些公共场所搭台演出。在文化生活十分单调的农村，大多数人自然不会错过春台戏。但对那些还要干活，特别是罱河泥的农民，他们对春台戏是又恨又爱。白天看戏，晚上就得披星戴月去罱河泥，故民谚"要看春台戏，半夜去罱泥；看完春台戏，脱去一层皮"在同里一带尽人皆知。在春台戏的戏场院上，还常有台阁比赛，由小孩子扮演的各种戏名在演出的间隔进行表演。

农历三月二十八有"朱天会"，最初是明朝灭亡后，一些遗老遗少纪念明朝末代皇帝朱由检自发组织的民间活动。但随着时间的推移，参加活动的多为老年妇女，主要活动则是"坐蒲凳，吃素斋"，故同里有"三月二十八轧老太婆"之说，而吃大素的目的也变为身体健康，百无禁忌。

三月二十八还是齐天圣帝的诞辰，同里人则前往玉清真洞观参加祭祀活动。史称"士女进香，游人拥挤，阗塞衢路。是日，农民驾农

社 戏 (金又良摄)

船，张旗帜，鸣锣击鼓，舞刀弄槊，飞棹来往，谓之快船"①。农历三月底，已是农忙时节，农民抽空烧香求神，祈望丰收平安，虽来去匆匆但毫无不敬之意。玉清真洞观俗称大庙，是同里一座颇具规模的道观，观中有玉皇殿、佑圣殿、雷尊殿等殿阁，故能容得下如此大祭。

四月十四的"神仙会"在同里也表现出不同的内容。同里神仙会有踩高跷、荡河船、舞蚌壳等游街活动，队伍的后面会有一批善男信女穿着罪衣罪裙向神仙赎罪。

水上活动

进入农历五月，天气渐热，同里人便将他们的一切世俗的和神圣的活动搬到了水面上，而四面是水的同里在这些活动中更彰显出她的水乡特点。

五月的第一个节日是端午，同里辽阔的水面为庆祝端午的"赛龙舟"提供了宏大的舞台。同里的龙舟只是在农家木船的船头挂上彩球，两舷上用彩绸扎一些彩，再插上彩旗和彩纸做的花朵。比赛时要在船的中间横放一块长跳板，跳板两头各长出船舷1米左右并加以固定。参加比赛的人站在伸出的跳板上齐心协力摇两支橹，锣鼓队则在船的头舱里助威。由于船速较快，同里人称之为"快船"，加上船头船尾都竖有竹篙，简陋的"龙舟"虽然华丽精致不足，但却轻快威猛有余。

五月十三是关帝君诞辰日，祭奠活动又移到了罗星洲上。关公在清代地位达到前所未有

---

① 嘉庆《同里志》卷6"风俗"。

的高度，关帝的祭祀活动规格自然不低。为了办好关帝诞辰赛会，从清初起，里中众姓和周、陆、王、顾、徐五姓六家轮流斥资主办，故同里民间流传着"卯酉众姓辰戌周，巳亥陆宅递轮流，子午王家丑未顾，寅申徐氏六年周"的歌谣。每当距赛会还有一两个月，街巷里就传唱这首歌谣，当值的那家顿感责任倍增。赛会当天，大批士民来到同里湖边，湖口摆渡的生意骤然红火。登上罗星洲的善男信女在表达了对关帝尊崇敬畏的同时，也领略了罗星洲上嫩绿的荷叶、飘拂的柳条和雄伟的殿阁。

对于砖木结构建筑为主的同里，防火的意义非常重要。每年的六月二十三，是被称为"火神日"的火德星君诞辰日，也是同里的消防演习日，当地称为"闸火龙"或"赛龙"，大有向"火神"挑战的味道。除了建筑容易招火外，同里镇的三大主业米、油、造船也最怕火，所以，同里的消防历史悠久。嘉庆《同里志》就写到："六月二十三日为火德星君诞辰，是日里中水龙齐集渡船庵前，互相试验，观者如堵。"文中提到的"水龙"具体形状和功能已不得而知，但到民国初年，同里已有杠杆式双筒压力泵、汽油发动喷射泵以及辅助使用的"挠钩""葫芦灯""闸水枪"等工具。镇上各行各业都组建"水龙队"，每年此时都会出来比赛，地点就在渡船庵。这里水面宽阔，沿河

有100多米长的驳岸，是理想的比赛场所。"闸水龙"时，各"水龙队"排列岸边，摆开阵势。一声炮响，"水龙队"各显神威，队员们奋力揿压杠杆，朝天的龙嘴则喷出水柱，如银蛇狂舞。米行工会最早用汽车引擎带动消防车，功力大，射程远，在比赛中很是风光。也有队员将龙头对准岸上的观众，在给烈日下为比赛助威的人群带来一片凉意的同时，将比赛推向高潮。"赛龙"结束时，各"水龙队"在观众散去后排着队，敲着太平鼓回驻地。

七月十五是中元节，又称"鬼节"，镇上各寺院"悉营斋供，招人荐亡，名曰'盂兰盆会'"。当夜幕降临时，周边百姓聚集到集寿庵"放焰口""放水灯"。"放焰口"一般由众人出资，请5～7名身披袈裟的僧人，按主次坐下后，边诵经、敲打法器，边向四周施食，以祭祀孤魂野鬼。"放水灯"则是在用稻草作的圈上点蜡烛，布些饭菜和纸锭，放入河中，顺水飘流，祭祀水中鬼魂。

七月三十日，"放水灯"这一活动又在同里重现，与"鬼节"的"放水灯"相比，这次范围要广阔得多。当天是地藏王菩萨的生日，黄昏时分，家家户户都在自家的门口或庭院内插烛烧香，俗称"狗道场"。烧香结束后就开始放水灯，这是吴江一带仅同里才有的风俗。水灯是用牛皮纸制成的圆形灯盏，底部中间做

一带孔的泥质鸭脚来安放灯草,加入菜油后即成。放灯时,前面一艘船上由僧人演奏佛教音乐,后面的船则点燃水灯,慢慢地放到水面上。就这样,慢慢行进的船队一边奏乐一边放灯,不到一个时辰,同里镇内的河面上都是缓缓漂动的水灯。隐约闪亮的水灯犹如眨眼的星星,在同里的各个角落闪烁,景色十分壮观。

三秋遗俗

进入八月,天气转凉,同里的民间节庆更频繁,并由水上转入街市。八月初六是里域明王的诞辰日,主祭的土地堂里笙歌灯彩,极为夸张。接下来的初七初八两日是昭灵广佑王暨夫人诞辰日,被同里人称为"南观"的仁济道院东和"北观"的翊灵道院里的两个城隍庙摆开竞争的战场,以吸引香客。除了灯彩辉煌、笙歌彻夜外,两家都从巨室富户家借来古玩珍宝,摆放在神像前,互相夸耀。

这两天还是同里的"铜铜鼓",又称"女儿节"。初七初八正逢汛期,男人们出船捕鱼,女人得空,带着孩子回娘家探望父母,对新婚妇女来说更是难得的与父母、兄弟、姐妹团聚的机会。过了"女儿节",农村开始忙碌的秋收秋种,不再有空走亲访友了。因此,同里的"女儿节"非常热闹,乡间道路上人流穿梭,一些乡绅出面募资聘请剧团演出,引得人们扶老携幼赶来观看。而在商贩集中的北观和新填地,拉洋片、卖拳头、套泥人、浪马戏等活动更是招得人山人海,异常闹猛。

同里的中秋节也同样值得期待。中秋那天,同里民间要供斗吃月饼。"斗"用线香制成,纳楄于斗中,置一多层塔形柱香,按层多少而分大小。供斗始于黄昏,在供品月饼和各色水果的映衬下,将斗中的塔形柱香点燃,任其延烧。等到半夜天清月明时,将香斗移至庭院中焚化,一家人开始吃饼赏月。中秋之夜,寺庙同样繁忙,吉祥庵、圆明庵、观音庵也都焚斗礼佛,香烟缭绕。旧名"小祇园"的圆明庵,俗称斗坛,因是女尼所住,遂成为四乡妇女烧香的首选地。与此同时,处在喜庆之中的同里街市也没闲着,时兴的活动就是放观音灯,升平桥两岸最为集中,灯火最为繁华。

七八月间,同里乡间还有"抬(待)猛将",又称"待青苗"的活动。在同里的各种庙宇里都供有"猛将",届时由会首发起,或请宣卷,或请堂明(名)表演,甚至搭台唱小戏。小戏是指锡剧、越剧一类的地方戏,同里地区多为锡剧。演出一般都在"翻轩"里,没有大翻轩的则临时搭马鞍棚,俗称"勃倒(葡萄)棚",唱小戏就露天场地临时搭台。演出那天,当地村民四出邀请好友亲朋前来看戏，供"猛将"的客堂上香烟缭绕，而外面场地上更是人头攒动。在这两个月中，当地的堂明、宣卷班子频繁地串走在村巷之间，是民间艺人一年中演出最旺的季节，甚至是"落秋天，好吃一年"。

同里人的重阳节以吃重阳糕为主。部分文人雅士则呼朋唤友，携带酒食，或登西皈庵涤虑楼，或上罗星洲酒仙阁，拈题分韵，做诗唱词，竟日而散。重阳之后，乡村进入三秋大忙，集镇商业也转入淡季，到新米上市时，同里才会再度热闹起来，等到过年时又出现新的高潮。

走 三 桥

同里是桥的王国，传统的民间活动也自然会在桥上做文章。"走桥"是中国传统的避灾求福风俗，同里的"走三桥"正是这种文化的活化石。

三桥是指太平桥、吉利桥和长庆桥，呈"品"字形分布在古镇中心，咫尺相望。太平桥为梁式桥，小巧玲珑。始建时间已不可知，后人多次重建和重修，现桥为1902年再建。桥洞旁有"永济南北太平路，落成嘉庆廿三年"的对联，表达了造桥者的良好心愿和建桥时间。

吉利桥位于太平、长庆两桥之间，始建同样无考，清代曾多次重修，现桥是1988年同里镇政府按原样重建。吉利桥为拱桥，桥之两侧各有对联一副，南侧为"浅渚波光云影，小桥流水江村"，北侧是"吉利桥横形半月，太平梁峙映双虹"。对联与该桥所表现的景色完全对称：水明如镜，飞虹卧波，水光桥影，美不胜收。

长庆桥最靠东边，俗名谢家桥，旧名福建桥、广利桥，也是一座拱桥。此桥明代就有，现存桥是1700年重建的，在三桥中最老。

三桥跨于两河交汇处的"丁"字河道上，与连接的道路形成环形街。沿河青石驳岸，树影婆娑；河中船只穿行，波光粼粼；桥上人来人往，欢声笑语，三者相映，形成独特的人文景观，是同里人心目中的胜形福地。同里人每逢婚嫁喜庆，都要"走三桥"，口中念着"太平吉利长庆"，寄托着对幸福平安的渴望。

同里"走三桥"习俗由来已久。清代中期之前，同里人结婚"迎娶必经太平吉利二桥，以为佳谶"。[①]可见当时走桥的主要是婚庆，走的也只是两桥。20世纪初，做喜事的仍然要走太平桥和吉利桥，取太平吉利之意，送丧回来也走这二桥，讨个好口彩。同里流传着为不同年龄人"走三桥"而祈求的谚语："小把戏（儿

---

① 嘉庆《同里志》卷6"风俗"。

童），走三桥，读书聪明，成绩年年好；小姑娘，走三桥，天生丽质，越长越苗条；小伙子，走三桥，平步青云，前程无限好；老年人，走三桥，鹤发童颜，寿比南山高；新郎新娘走三桥，心心相印，白首同偕老。"

随着时代的进步，同里人又为"走三桥"祈求新的内涵："走过太平桥，一年四季身体好；走过吉利桥，生意兴隆步步高（官运亨通步步高）；走过长庆桥，青春长驻永不老。"现在同里人每逢人生大事，都要走遍三桥，播下自己美好的愿望。外地游客来到这里，也会被三桥浓郁的文化和传说所打动，在三桥上走一走，感受一下三桥的神秘。

吉利桥

风流人物

在我们前面的叙述中，已有众多同里的杰出人物登台亮相。但在钟灵毓秀、人文荟萃的同里，这些只是冰山一角。

45名进士、90多名举人和吴江仅有的一位状元，就已经奠定了同里在古代"人物鼎盛"的地位。而近代同里更是有"吴江三杰"中的金松岑、陈去病，而另一"杰"柳亚子也是长时间在同里学习和活动，至少算得上个"流寓"。所谓风流人物，当指在社会发展的大势中能叱咤风云、引领潮流的仁人志士。同里的"杨柳松柏"（指杨天骥、柳亚子、金松岑、陈去病）"自然风流，其他如费巩、王绍鏊、严宝礼、蓝公武、金国宝、范烟桥、冯德新、沈善炯等也称得上一代英豪，风流才俊。

国学大师

如果要用几个字的头衔来给金松岑（1873～1947年）定位是不可能的，"国学大师"只是人们对他广博学问和丰富著述的肯定，作为时代的风云人物，对他完整的称呼应该是著名的教育家、诗人、学者和爱国志士。

革命先驱

金松岑原名懋基，又名天翮、天羽，字松岑，号壮游、鹤望，笔名麒麟、爱自由者、金一、天放楼主人。出生在书香门第的他，从小就受到传统文化的薰陶，12岁起师从顾恂愚、钱词锷，后入江阴南菁书院就读。打下扎实文史基础后，他潜心研究明末清初著名学者王夫之、顾炎武等人的著作，为他们的学识、节操所折服，以"天下兴亡，匹夫有责"作为自己的行为标准。

在他企图通过科举之路实现人生理想的时候，中国社会的巨大变化使他重新选择了努力的方向。1895年，甲午战争中国的惨败，给中国各阶层特别是知识界以前所未有的震动。在改良思潮的影响下，思想活跃，热情奔放，喜好擘剑驰马，高谈兵略的金松岑立即投身改造中国的浪潮。他与陈去病、蔡寅等人于1898年在同里组织了雪耻会，响应康梁的维新运动。

1902年，应蔡元培先生邀请，金松岑赴上海参加了革命团体"中国教育会"，与蔡元培、邹容、章太炎等结为密友，并在家乡建立了中国教育会同里分会。同年10月，上海爱国学社成立，他在该会当"庶务"，并把同里青年才俊柳亚子、蔡冶民、陶亚魂带到上海读书，让他们感受新的社会气息。在此期间，他与邹容同寝一室，与章太炎同室工作，相互间情谊深厚，并资助邹容出版了《革命军》。《苏报》案发后，金松岑多方筹集资金，请英国著名律师为被捕的邹容、章太炎辩护，多次前往监狱探视，为他们传递书信，设法营救。邹容被害后，他悲愤地写了《哀邹容》，以表达其惆怅惋惜之情。

新式教育

金松岑很早就投身教育,在自己的寓所办了私塾。在维新运动的影响下,他的办学方向转向新式学校,成为同里乃至吴江新式教育事业的奠基者。1902年,他在同川书院旧址创办了同川学校,并成立了理化音乐传习所。

《苏报》案后,苏报馆和爱国学社被毁,金松岑的反清事业遭受挫折。他心情沉重地回到同里,决定在家乡办好学校,培养与清王朝作斗争的人才,来救亡图存,挽救中华。1906年,他创办同川自治学社。1906年,同川学校改名为同川高等小学,并创办明华女学。金松岑的学校管理严格,教学质量高,特别是新式的教育方法影响广泛,求学者趋之若鹜。学校的课程包括国文、自然科学及培养学生技能的园艺、乡土、生理卫生、军事体操、英语、音乐等课,培养的学生知识面广、适应能力强。为了上好音乐课,他买来风琴,自学乐理知识,苦练指法。据传,高度近视的他却不爱戴眼镜,上课时为了看清乐谱,额头、鼻子差不多与琴谱撞在一起,同学们笑送他"松岑吻琴"的雅号。金松岑非常注重学生的德育教育,他亲自上政教课,为学校创作校歌,鼓励学生为振兴中华而发愤学习。1912年,同川学校建校10周年校庆之际,蔡元培、章太炎分别为"吴江同川小学校十周年纪念之碑"撰文、题额,高度评价了金松岑在教育上的热情和取得的成就。

1911年秋,辛亥革命爆发后,金松岑当选为江苏省议员,离开同里从事行政和社会工作,包括担任过一段时间的吴江教育局长。但他对同里的教育仍然十分关心,经常到同里看望师生。同里小学校长的选择、教师的聘任,他都亲自过问,严格挑选,以保证学校教育的质量。

巨大的付出必然有丰厚的回报,金松岑一生桃李满天下,他们当中不乏像柳亚子、王绍鏊、蔡冶民、潘光旦、金国宝、严宝礼、范烟桥、费孝通这样的栋梁之才。

诗文并茂

从1903年起,已有坚定反清信念的金松岑开始发表向封建伦理、君主集权挑战的文

天放楼文言

章。他在《国民新灵魂》中指出，中国是"国亡于儒"、"人死于儒"，要"兼采他国之粹者"，改铸国民新魂。此后他在同里另一学者、教育家薛凤昌的帮助下，连续译著了《三十三年花落梦》《女界钟》《自由血》三本宣传革命的小册子，介绍孙中山的革命活动，宣传妇女解放，号召人们用血为自由与封建专制政治做斗争。

写小说曾是金松岑表达其政治意向、揭露满清腐朽政权的另一手段。1903年，他撰写了《孽海花》的第一、二回，以"爱自由者"的笔名在《江苏》报上发表。但由于工作太忙，没有精力再续写小说，1904年，他将发表的两回和已写好尚未发表的三至六回交给对此小说感兴趣的曾朴，并与曾朴一起商量了以后六十回的写作内容。经过曾朴的努力，完成了《孽海花》三十五回的创作。虽然没有达到原计划的六十回，但这并不影响《孽海花》成为中国近代最成功的小说。该书出版不到两年，竟再版15次，行销5万部，在四大谴责小说中影响最大。该书女主角原形赛金花也因这部小说成为近代社会标本型的人物，家喻户晓。

《孽海花》只是金松岑的"无心插柳"，他平生自负的则是诗歌。他自幼学习李商隐等名家诗作的精髓，开始诗歌创作。他的早期有《新中国唱歌集》《招国魂》《感事》《政变》等大量诗作。抗战八年，他创作了反映人民疾苦的《新乐府》62首。金松岑的诗歌内容广阔，格调高雅，一扫清末诗坛颓废奢靡之风气，获得极高的社会评价。陈石遗称其诗"在明则杨升庵（慎），在清则龚定庵（自珍），可相仿佛"。钱仲联认为"诗境每变益上，骚坛赤帜，俯视闽赣，舍松岑其谁？"

金松岑的学术兴趣十分广泛，他的著述涉及到政治、哲学、文艺理论、史学等多个领域。早年的《文学观》《文学上之美术观》《论写情小说于新社会之关系》等是近代文论的名篇。《苏州五奇人传》、《皖志列传》则是传记佳作。在任江南水利局长时，又写了不少农田水利方面的文章。他还主办了《国学论衡》、《文艺君华》等杂志，倡导振兴国学。勤奋的金松岑给后人留下了丰富的文化遗产，《天放楼诗集》《天放楼文言》《鹤舫中年政论》《孤恨集》《词林撷隽》等是最直接的见证。

抗战期间，居住在苏州的金松岑生活无着，但他坚决拒任日伪当局的江苏省财政厅厅长，此后又写了《论气节不讲足以亡中国》的文章，公开自己的态度。身为东南名士的他，生活却贫困潦倒，以至于连爱孙病故的丧事都无力料理，只得变卖同里老宅艰难度日。但他在清苦的生活中始终品行高洁，并对祖国未来有着光明的憧憬。正如他在《述志》中表达的那样：

明月照积雪，
炯然见吾心。
吾心励节概，
七年成断金。
侧耳听风谣，
风过宵籁沉。
雄鸡催天曙，
推枕起长吟。

抗战胜利后，金松岑撰文提出抑制物价飞涨的措施，还上书行政院和蒋介石，痛陈民情，忧国忧民的赤诚之心依然如故。

1947年1月，金松岑在苏州病故。为了纪念他对同里教育事业的巨大贡献，同里小学校园内以他的笔名建造了两层的"天放楼"。如今这里已是同里中学，天放楼作为"金松岑纪念馆"和它的副楼一起静静地伫立在绿树环抱的校园之中，保守着金松岑永恒的荣耀。

天放楼

浩歌长虹

　　同里的另一位"吴江三杰"陈去病（1874～1933年）只比金松岑小一岁，由于他在童年时期性情急躁，负气慷慨，他的母亲给他取字佩忍，希望他遇事能理智忍让，以保一生平安。但在剧烈动荡、风云变幻的时代，一个聪明过人、志存高远的知识青年，"佩忍"怎能约束他腾飞的翅膀。

热血青年

　　陈去病，字佩忍、巢南、伯儒，号病倩、垂虹亭长，笔名有天放、病禅、南史氏、有伪血胤、勤补老人等。父亲在他出生前5个月过世，人称倪太夫人的母亲在苏州平江路庆林桥旁的旅社里生下了他，就因桥而名，取名庆林。作为倪云林的后裔，倪太夫人知书达理，在庆林5岁时便亲自教他读书，讲经解史，申明大义，帮助他确立了人生追求和价值取向。孙中山先生了解倪太夫人的事迹后，亲笔为她撰写"陈母倪节孝君墓碑铭"，并题"女之师表"额。

　　10年之后，倪太夫人的知识根底已无能力满足儿子继续求知的愿望，她就亲自送庆林到长洲大儒诸杏庐的门下学古文诗词。经过6年的学习，打下浓厚文史基础的陈庆林回到同里，时年21岁。陈家祖上虽然经商，却有江湖任侠之风。学业已成的陈庆林继承先祖遗风，虽然"生得五短身材，脸庞上像把淡墨水染过一般，人家都称为陈矮子。可是他却以文才著称，意气不可一世"，[1]透出了不凡和洒脱。

　　陈庆林长大了，但中华民族却到了最危险的时刻。《马关条约》签订后，国家危难，民不聊生，激起了陈庆林的忧国忧民意识。他与金松岑一起在同里创办"雪耻学会"，聚集家乡有志青年共同探讨复兴中国大业，积极宣传

---

① 柳亚子：《南社纪略》，《柳亚子文集》，上海人民出版社，1983年。

革旧维新活动。戊戌变法失败，八国联军的铁蹄又践踏大好河山，让这位爱国志士心情更加沉痛。但这更加刺激了陈庆林的爱国热情，加速了他挽救中国的行动。

1902年，陈庆林和金松岑一起到上海参加了蔡元培先生发起的"中国教育会"，并在同里、常熟、松陵等处建立支部。1903年初，在出洋留学的浪潮影响下，陈庆林暂别中国教育会的同仁，只身赴日本考察，寻求救国救民之路。

在日本，陈庆林看到了日本在明治维新后的巨大变化，也看到了中华民族在这里遭受侮辱，更多的是他积极参加各种爱国救亡活动。他与同伴一起对日本侮辱中国的行为与日本有关方面进行交涉；倡议组织吴江游学会，资助爱国青年出国学习；参加东京留学生"拒法大会"、"拒俄大会"；和一批留学生组成拒俄义勇军，准备亲赴东北前线，与俄国侵略者决一死战。日本警察和清政府强行解散了义勇军，但陈庆林和留学生们也由此看清了清政府的反动本质，思想上有了巨大转变，从此走上推翻清王朝的革命道路。他在自己主编的《江苏》第4期上发表文章，剖析清朝对内镇压、对外投降的反动政策，疾呼"满清王气今已无，君不革命非丈夫"，并以"匈奴未灭，何以家为"的霍去病为榜样，改名陈去病，担当天下兴亡

的重任。

革命旗手

1903年，中国教育会改为爱国女学，在日本考察半年的陈去病回到上海，任爱国女学教师。在爱国女学任教者大多为革命党人，是内地仁人志士的联络中枢。陈去病利用这一有利位置，倾心竭力地宣传革命。他着重研究明清之际的历史，编辑《陆沉丛书》。他在该丛书序中写到：

胡马嘶风躁躞来，江花江草尽堪哀。
寒潮欲上凄还咽，残月孤明冷似灰。
誓死肯从穷发国，舍身齐上断头台。
如今挥泪搜遗迹，野史零星土一杯。

良苦用心，一览便知。丛书中有《建州女真考》《扬州十日记》《嘉定屠城记》等，是当时流行的反清读物。

1904年6月，陈去病任《警钟日报》主笔，编写《清秘史》，首次将"兴中会首领孙文谋起兵于广州"列入大事年表。在认识汪笑侬后，他又创办了《二十世纪大舞台》，大力提倡戏剧改革，利用戏剧宣传革命，将舞台变成反清的阵地。

陈去病的反帝反清活动遭到反动势力的忌

恨。《警钟日报》和《二十世纪大舞台》相继被查封，加上购枪械谋起兵，他被通缉。陈去病在逃亡的途中，继续他的反清宣传。他整理了吴江明末抗清英雄吴易和文人志士吴炎的遗稿，并撰写了反映清初抗剃发史实的《烦恼丝》和叙述东南志士抗清逸事的《五石脂》。1907年，他又开始编纂一部大型传记总集《明遗民录》，挖掘明清之际大量义勇之士的事迹，借以鼓励新人，为反帝反清运动推波助澜。

熟悉明末清初历史的陈去病自然知道东林党、几社、复社等社团在当时社会中的作用，他倾注一腔热血，广结文社义社。1906年，路过芜湖时遇到《警钟日报》时的老战友刘师培，并经他介绍加入中国同盟会。不久，他又与后来的国画大师黄宾虹在徽州组织了一个革命团体

陈去病铜像

——黄社，以继承黄宗羲的思想和气节。作为秋瑾的同志与战友，陈去病得知秋瑾在绍兴遇难后万分悲痛，立即在上海筹办追悼会，并于1908年正月建神交社。此后，陈去病路经杭州，与秋瑾盟姐徐自华冒雪将秋瑾灵柩从绍兴运至杭州，安葬在西冷桥堍。接着又在杭州凤林寺秘密举行秋瑾烈士追悼会，发表演说悼念秋瑾烈士，鼓动反清革命，并与徐自华等共结秋社，以纪念秋瑾。

秋瑾牺牲后，她在绍兴培养的一批革命党人处于无组织状态。前来绍兴府校任教的陈去病又承担了组织工作。他通过学生宋琳将接受过秋瑾教育的学生联络起来，建立了革命团体，取名匡社，表示要继承秋瑾遗志，匡复中华。他把自己赞颂秋瑾的文章作课文教授学生，差点遭到地方反动势力的暗算。在杭州筹划组织同志、亲友祭奠秋瑾时，又被清政府通缉，只得到南方暂避。临行前，他回同里安排家事，并到黎里向柳亚子告别。两人感慨时事，竟十分投机地畅谈两日，陈去病在分别诗中有"此去壮图如可展，一鞭晴旭返中原"，表示他决心以革命者姿态重返北方。

1908年8月，陈去病来到广东汕头，参加《中华新报》的编辑工作。他大力宣传革命，使该报成为革命党人在岭南的重要宣传阵地。光绪和慈禧相继去世，陈去病认为是个机会，到

香港和革命党人会商组织起义,并结识了不少广东、云南的同志,革命热情更加高涨。听说浙江巡抚勒令毁平秋瑾墓,立即北上挽救,但秋瑾墓还是被毁,灵柩也先后被移至绍兴、长沙。对于秋瑾墓,陈去病始终放在心上,1912年初,他亲赴湖南,迎柩归葬,表现了他对秋瑾等革命烈士的敬仰与爱护。

暂时北归的陈去病,因病未能返回广东继续《中华新报》的编辑工作,但他却加速筹办结社事务。1909年11月,他和柳亚子、高旭共同发起的反清文学团体南社在苏州虎丘首次雅集,宣告正式成立。"以抗北庭"为宗旨的南社"集中了当时的时代歌手",以诗文鼓吹革命,几乎掌握了南部中国所有的报刊杂志,被称为"革命宣传部",与同盟会成犄角之势,而陈去病在南社中居盟主地位。1911年,在浙江高等学堂任教的陈去病介绍宋琳加入南社,并支持他在匡社的基础上组织越社,鲁迅、范爱农等均为社员。陈去病为此写下《越社叙》,号召革命党人要有人定胜天的坚定信念,从危难中拯救祖国。

情系中山

1911年10月,武昌起义爆发,上海、苏州相继光复,陈去病欣喜若狂。他应苏州都督府邀请,在沧浪亭的可园创办《大汉报》。在发刊词中他高兴地写到:"革命哉!革命哉!二十世纪之中国,真我黄帝子孙发扬蹈厉之时日哉!"他在《大汉报》上连续发表文章,反对"南北议和",对武昌起义后革命党人面临的军事、政治、经济等问题提出一系列的主张。

辛亥革命失败后,陈去病开始追随革命领袖孙中山与北洋军阀做坚决斗争。黄兴是陈去病在日本时认识的老朋友,在他任江苏讨袁军总司令时,陈去病前去当他的秘书,他的许多讨袁檄文都是陈去病的手笔。1916年袁世凯称帝,同盟会和光复会在上海的成员决定以武力占领苏州,陈去病与徐自华扮成母子作掩护,在苏台旅社负责全面指挥。但因暗中联络好的苏州警察所长突然反悔,计划落空,陈去病侥幸脱险。1916年,孙中山先生到绍兴、普陀一带游历,时在浙江任职的陈去病全程陪同,给孙中山留下深刻印象。1917年,孙中山南下竖起了护法战争的旗帜,陈去病也在浙东一带举兵起义,响应护法。但因兵力单薄,起义失败,陈去病几遭不测,后化妆突围,转危为安。1918年,辗转来到广东的陈去病,在孙中山手下担任护法军政府参议院秘书长,后在韶关任北伐大本营宣传主任,为民主主义革命立下汗马功劳。陈炯明叛变后,陈去病不顾个人安危,奉孙中山命令,在炮火中携带重要文件先行化妆

绿玉青瑶馆

北上，策应孙中山北进。

　　孙中山先生去世后，由于和许多老友政见不同，陈去病在矛盾和痛苦中彷徨，思想意志逐渐消沉。蒋介石上台后，他对蒋的独裁统治极为不满，拒绝出任江苏省政府主席，并陆续辞去了其他党政职务。1930年，他出任南京博物馆馆长，沉缅于文史研究，并往返于沪、宁、杭三地，在东南大学、持志大学等校讲授辞赋学。告老还乡之后，在同里、苏州参加一些地方上的文化活动。但他在政治上依然苦闷，时有酒后骂人，发泄内心痛苦，甚至在苏州报恩寺听经两个月，寻求超脱。1933年中秋前后，他在苏州会见老友，因高兴而畅饮，结果食物中毒，腹泻不止而亡。1935年10月，在柳亚子等人的筹划下，将他安葬在苏州虎丘冷香阁下。

同里留芳

在同里镇的西南，与南园

茶社隔河相望有一幢向西面河的古老民居。它是陈去病的故居，是同里一处重要的人文古迹，1995年4月，被列入江苏省文物保护单位。这是一座典型的清代民居，占地1364平方米，门内第一进有半亭、百尺楼、浩歌堂等。朝南有一月洞门，门内为第二进，楣额上有颇为沧桑的"绿玉青瑶之馆"。

陈去病在轰轰烈烈的革命后回到同里，于1932年修建了明善堂。为了怀念母亲对他的养育之恩，他用母亲的祖先、大文人倪云林词中的"绿玉青瑶"作为馆名，并请同里大儒杨天骥手书题额。绿玉青瑶馆是一幢五楼五底的砖木建筑，楼下中间三间为厅堂，一色落地长窗，两侧东西厢房，原为陈去病的书房和卧室。书房内原有陈去病自撰的楹联一副，上面写到：

其人以骠姚将军为名，垂虹亭长为号

所居有绿玉青瑶之馆，澹泊宁静之庐

南厢楼顶部建有一西式露台，使这所房屋成为中西文化合璧的载体。

一楼一底的百尺楼极其简朴，原是陈去病藏书和写作的地方。楼名出自秦湛词中"极目烟中百尺楼"，与该楼相伴的是一棵已有80多年树龄的黄杨树。

浩歌堂面阔3间，原为陈去病的会客场所。1920年落成时，正逢陈去病刚读过白居易的长诗《浩歌行》，遂取名为"浩歌堂"。"浩歌堂"内原有孙中山题写的"女宗共仰"匾，抱柱上的楹联全文为：

平生服膺明季三儒之论，沧海归来，信手钞成正气集

中年有契香山一老所作，白头老去，新居营就浩如烟海歌堂

如今，"浩歌堂"已辟成陈去病生平事迹的展厅，人们可来此领略他叱咤风云的一生和泼辣犀利的笔锋。

1916年8月，孙中山曾为陈去病父亲、叔父墓前牌坊亲笔题额"二陈先生之墓"。1917年新年，孙中山又为陈去病母亲题写了"陈母倪节孝君墓碑铭"和"女之师表"额。陈去病为此特造中山亭以示纪念，但这些都在"文化大革命"期间被毁，现仅存"二陈"墓碑残片。

告老回乡的陈去病在写作之余，经常到南园茶社喝茶，与乡亲们闲聊。对于大家的求对联、写扇面，他很少拒绝。南园茶社至今仍在笑迎八方来客，而陈去病的光顾应是茶楼永久流传的故事。

群星璀璨

在同里，还有无数风流人物：中国近代统计学的奠基人之一，最早翻译列宁著作和译出"布尔什维克（鲍尔雪维克）"的金国宝；中科院院士，我国高分子化学的奠基人和开拓者冯新德；中科院院士，著名生物学家沈善炯；著名社会活动家和政论家，中华人民共和国最高人民检察署副检察长蓝公武；著名学者和社会活动家，同里"杨柳松柏"之一的杨天骥……。我们这本小书，绝对无法为同里仁人志士搭建足够的舞台。只有当您跨进同里时，在古朴和宁静之中，细细享用人文盛宴时，才能真正感受到同里先贤们的伟大与辉煌。

沈文定公

文定是沈桂芬的谥号。在同里，尽管有很多进士官绅，但能在死后得到朝廷谥号的只有沈桂芬一人。当然，把沈桂芬列入同里的风流人物，并不是他在同里人中当官最大，而是他为官时做了一些符合国家和人民利益的事。

沈桂芬（1818~1880年）字经笙，道光二十七年（1847年）考取进士，开始步入官场。沈桂芬的仕途相当顺利，考中进士仅10年，就升任内阁学士兼礼部侍郎衔。以后又充任山西巡抚、礼部右侍郎、军机大臣、吏部左侍郎、

方略馆总裁、都察院左都御史、总理衙门大臣、兵部尚书、国史馆总裁，加太子太保衔，并得到同治皇帝赏御书"勤宣赞画"。光绪帝接位后，他更是以兵部尚书协办大学士主持朝政，直到光绪六年（1879年）告以病假。次年病逝，追封为太子太傅，谥号文定。沈桂芬从政三十多年，经历四朝，为官认真勤勉。他操办的具体事务中，最多的是充任科举考试各种阅卷大臣28次。他曾上书对京师的八旗后裔不事生产、寄生腐败的现状深表忧虑，建议或将他们移屯边疆，或让他们自愿迁往各省谋生，并以旗籍参加科举考试，求取功名。在任山西巡抚时，发现山西民间在高额利润

王绍鏊故居

的诱使下，大量种植罂粟，致使粮价奇高，便刊发条约，严厉禁种。他还将试行情况上报朝廷，引起朝廷重视，通令全国各地一律严禁。在主政期间，崇厚与俄人签订丧权辱国的《交收伊犁条约》和《陆路能商章程》引起全国哗然，他从中调停，清廷终于改派曾纪泽为谈判代表改订条约，使沙俄交还伊犁及乌宗鸟山、帖克斯川诸要隘。沈桂芬还与德国使臣巴兰德续订了通商条约六款、善后章程九款，并参与左宗棠克复新疆南路和阗等四城的筹划。

王 绍 鏊

王绍鏊（1888～1970年）出生在同里的一个大户人家，而他的祖上更为显赫，明代东山的辅国大臣王鏊是他的直系祖先，家中长辈为他取名"绍鏊"，是想让他像王鏊那样为家道中落的王家再续辉煌。

王绍鏊字却尘（或恪成），4岁时行医从善的父亲便撒手人寰，他在曾做过地方小官的祖父严厉管教下认真读书。和陈去病一样，王绍鏊也有一位深明大义、知书达理的母亲，从小就给他灌输"先忧后乐"、爱国爱民的思想。

金松岑在同里开办新式学校，王绍鏊成为他的第一批学生，并加入理化研习所，企图走科学救国的道路。但清政府的腐败让王绍鏊改变了原先的想法，在日本清水澄所著的宪法书影响下，他对议会政治产生了兴趣，并赴日本早稻田大学留学3年。王绍鏊学成回国，正逢武昌起义胜利，孙中山当选为大总统。他与章

王绍鏊

太炎等人组织了"中华民国联合会",并在竞选中成为第一届国会议员和宪法起草委员会委员,从事宪法起草工作。

北洋军阀掌权,王绍鏊坚决与孙中山合作,和北洋政府做斗争。他积极参加讨袁(世凯)护法运动,带头拒绝曹锟贿选,在上海组织"新苏公会",呼应北伐战争。"九一八"事变后,王绍鏊积极投身抗日救国运动。他先在上海发起"中华民国国难救济会",动员各阶层援助东北难民。接着又来到北京,和章伯钧、蓝公武等组织"救国协会",联络抗日力量,宣传抗日救亡。1933年,冯玉祥、方振武、吉鸿昌等在张家口组织抗日同盟军,王绍鏊赶赴张家口参加,并带着冯玉祥三十多封亲笔密信到南方各省宣传策应。

但密信还未发完,吉鸿昌即遭杀害,冯玉祥也上了泰山,抗日同盟军失败。王绍鏊陷入痛苦和迷茫之中,一时失去了努力的方向。回到上海,他找到了中共地下党员黄申芗,了解到俄国十月革命、世界工人运动、中国的现状和中国革命的发展趋势,重新调整人生目标,并于1933年秋天加入中国共产党。

入党是王绍鏊一生的重大转折。鉴于他的身份和社会关系,组织上安排他从事对国民党和社会上层人物的联络工作,以开明爱国绅士的身份继续出现在各种社交场所,暗中担负着党交给的重要任务。此后,他曾到香港、广州策动陈济棠进行抗日,赴山西劝说阎锡山参加抗日阵营,帮助上海救国会创办进步刊物,以地方名绅在吴江争取开明绅士和地方实力派人物支持抗日斗争。王绍鏊的频繁活动引起了国民党特务的注意,遭到了他们的秘密绑架。但王绍鏊不畏强暴,严守秘密,没暴露身份,也为自己赢得了自由的机会。

抗战胜利后,王绍鏊全力投入爱国民主运动。他和马叙伦等同志发起成立中国民主促进会,并把他为校长的民本中学作为民进同志集会、商讨和推动民主运动的场所。1946年6月,国共谈判破裂,上海人民团体联合会举行盛大集会,欢送马叙伦为团长的上海人民和平代表团去南京请愿,王绍鏊担任大会主席。全面内战爆发后,王绍鏊与马叙伦等转移到香港,仍用秘密通讯的方式指导上海的民进同志进行斗争，并在1948年积极参加和筹备召开中国人民政治协商会议的工作。

新中国成立后，王绍鏊成为第一任财政部副部长，担任民进中央副主席、民建中央常委等职，多次参加最高国务会议和各种重要会议，参与讨论国家的一些重大问题，为新中国建设竭尽全力。作为知名民主人士，为了更方便地开展工作，王绍鏊严守党的纪律，即使在子女面前也不暴露其共产党员的真实身份。以至于他在文化大革命期间因"民主人士"遭受迫害，身心俱疲，于1970年离开人世。

王绍鏊的故居就是同里崇本堂东边百余米的留耕堂。其占地约10余亩，墙里屋宇鳞次栉比，内宅迂回曲折，有东、中、西三条陪弄进出，宽大豪华依然可见。留耕堂的部分现辟为同里历史文物陈列室，既弘扬同里的辉煌，也保守着王绍鏊的根基。

费　巩

费巩（1905～1945年）有着显赫的社会背景：外公是清朝大员吴大澂，父亲是苏州著名文人费仲深，岳父袁克定——袁世凯的长子、费仲深的连襟，还有比他大近20岁的表兄柳亚子。这是一个可以飞黄腾达的阶梯，是很多人梦寐以求的社会资本。但为了自己的理想和追求，费巩放弃了坦荡前途，孜孜不倦地与独裁和专制做斗争，直到献出年轻的生命。

才华出众的费巩少年时便崭露头角，在复旦中学和复旦大学读书时成绩优异，并积极参加各种社会活动，被推举为学生会评议委员会主席，义务学校的董事长。义务学校是人力车夫、脚夫及小职员等清寒平民子弟的学校。尽管学业繁重，但费巩仍以极大的热情和信心为学生们奔波操劳。1928年，费巩先后自费赴法国、英国留学，获牛津大学荣誉毕业生文凭。正当他想进一步深造时，家庭已难以承担他们兄妹几人同时在外留学的费用，费巩决定回国。在归国的外轮上，费巩听说日本帝国主义侵略中国，随即将身上惟一的一件西装抛入大

费巩

海，表示愤慨，并将名字由费福熊改为费巩，除了要追随曾巩的道德文章外，还有费心巩固国家的意思。

归国后的费巩完全可以凭学识、才干和社会地位在政府谋取高位，他的大哥和亲戚甚至已为他找好职位，但他不愿做国民党的官，而到中国公学任教。结识了邹韬奋之后，他常为《生活周刊》撰文，表达他改革政体、推行"民仆"的愿望。1932年秋天，他到复旦大学任教。一年之后，他受聘于浙江大学，并一直为之奋斗到生命终结。

在浙江大学，费巩深受同事和学生们的爱戴与敬重。他与学生们谈学习、谈生活、谈政治，建立了水乳交融的感情。学校训导长多数是国民党奴化统治的工具，在浙江大学原训导长被学生驱逐之后，竺可桢校长几次恳请费巩出任训导长一职。为了不让自己成为国民党独裁统治的工具，费巩以不参加国民党和不领训导长薪俸为条件，同意担当该职。在任训导长期间，他积极支持竺可桢校长在国内首创的导师制，对教学改革、人才培养也提出许多真知灼见。

费巩非常关心学生。因日本侵略而内迁到遵义的浙江大学条件简陋，学生宿舍用的是一种以陶片盛柏子油的油灯，光线昏暗，直冒浓烟，费巩为此深感不安。他反复实验，用香烟罐改制成新灯，并用自己的薪水在洋铁铺里做

了800盏新灯分送到各个宿舍。这种灯后来在当地街头小巷的百姓家中流行。费巩遇害后，同学们为纪念他，将其称为"费巩灯"。

费巩一生著作甚丰，大都涉及政治、经济。26岁时，他的第一本著作《英国文官考试制度》出版，注重推荐"民仆"制度，认为政府官员应是民众之仆，并对中英两国进行比较，说明英国的文官制度能使人才脱颖而出。此后，费巩写了大量的文章反对国民党的独裁统治和舆论控制，并经常发表演说对国民党的暴政和反共浪潮进行抨击。特别是1944年，费巩针对蒋介石的《中国之命运》一书连续撰文进行评论，提出容忍敌党、开放舆论等政见，发表在《宪政》《大公报》等报刊上，影响极大。

费巩的德才为世人所推崇，他的母校复旦更是仰慕。早在40年代初，就有人提名让他当复旦大学校长，但需做一个挂名的国民党员。费巩坚决不当校长，并先后4次拒绝加入国民党。1945年，郭沫若手笔的《对时局进言》在《新华日报》上发表。该文要求召开各党派会议，组织联合政府，取消党治特务及妨碍人身自由的法令，并有包括洪深、马寅初、张申府、费巩等在内的数十位知名人士签名。文章发表后，引起国民党的震动，他们对签名者进行恐吓和利诱，个别人迫于压力在报上发表声明"并未参加"。费巩对此非常气愤，再次发

表文章，痛斥"怕死鬼"和"小丑"。与此同时，他还连日进出国民党政府各部门，调查国民党政府腐败政体和工作效率。蒋介石对费巩的言行非常恼怒，决定杀一儆百。

1945年3月，费巩在重庆遭国民党特务秘密绑架，先后关押在卫戍司令部和"中美合作所"渣滓洞，遭受严刑拷打，受尽折磨。1946年1月，中共提出的和平谈判八项要求中第七条就是"立即释放叶挺、廖承志、张学良、杨虎城、费巩"。但蒋介石一意孤行，迅速杀害了费巩，并残忍地将尸体丢入硝镪水中化解掉。

费巩遇难后，浙江大学和各地群众都举行了悼念活动，并出版《费巩教授怀念特刊》。新中国成立后，周恩来总理派专员慰问和优抚费巩家属；1979年，费巩被追认为革命烈士；1980年，其衣冠盒安放在龙华烈士陵园；1997年，浙江大学百年校庆之际，"费巩亭"和"费巩碑"隆重落成于浙江大学校园内。

费巩在同里的故居位于丁字河畔的鱼行桥附近，与留耕堂相比则狭窄朴素得多。曾几何时，这里被辟为公众浴室。直到今天，浴室虽已关闭，但门前的招牌还在，看来费巩故居恢复原貌还需假以时日。

费巩故居

参考书目

1　嘉庆·同里志. 中国地方志集成：乡镇志专辑（第12册）. 南京：江苏古籍
　　出版社，1992

2　乾隆·吴江县志. 中国地方志集成：江苏府县志辑（第20册）. 南京：
　　江苏古籍出版社，1991

3　光绪·吴江县续志. 中国地方志集成：江苏府县志辑（第20册）. 南京：
　　江苏古籍出版社，1991

4　吴江市政协学习和文史委员会. 吴江旧影. 苏州：古吴轩出版社，2001

5　吴江市政协文史资料委员会. 小桥流水人家. 上海：上海画报出版社，1997

6　吕锦华等. 在水一方——名人笔下的同里. 北京：人民文学出版社，1999

7　锦华，雨帆. 人文荟同里. 北京：中国青年出版社，2002

8　陈植. 园冶注释. 北京：中国建筑工业出版社，1988

9　（明）吴骥. 同里先哲志. 同里镇人民政府编印，2002

10　（清）章梦易. 续同里先哲志. 同里镇人民政府编印，2002

11　严品华. 同里. 苏州：苏州大学出版社，1998

12　严品华. 同里. 北京：中国摄影出版社，2000

13　江苏省摄影家协会. 同里摄影作品选集. 北京：中国摄影出版社，1999

14　小林. 同里. 苏州：古吴轩出版社，1998

15　阮仪三. 同里. 杭州：浙江摄影出版社，2004

16　王稼句. 烟雨同里. 南京：江苏美术出版社，2003

17　陈志强. 吴越古镇名胜对联赏析. 呼和浩特：远方出版社，2002

18　钱公麟等. 苏州考古. 苏州：苏州大学出版社，2000

19　金学智. 苏州园林. 苏州：苏州大学出版社，1999

20　冯英子. 吴宫花草. 苏州：古吴轩出版社，1999

后 记

　　我是1984年第一次去同里，那时，包括苏州在内的江南各地仍然大量完好地保留着古代建筑，尤其是明清建筑，人们对同里的整体风貌还没有特别的感觉，同去的人更多地是对同里便宜的鱼虾感兴趣。只是跨进退思园的大门之后，大家眼前才骤然一亮。尽管我和同行的人都去过苏州城里的著名园林，但还是为退思园的文化内涵与精巧构思所震惊。此后，退思园在我的心中便挥抹不去，常常有前往仔细揣摸的冲动。在退思园的吸引下，我又多次去过同里，对同里的感受也不断地改变。随着苏州等大中城市的古建筑在为"发展"让路的过程中不断消失，同里的古朴和宁静成了人们的"世外桃园"。现在不仅仅是退思园，整个同里带给人们的都是惊讶。同里的古街、古宅、古巷乃至古风将人们从喧哗和浮躁中拯救出来，给予心灵的洗涤和情感的籍慰。

　　在写这部书的过程中，我数次前住同里，在街巷和古宅中寻找同里让人向往的理由：长期的文化积淀，沉稳的处世心态，无私的爱国热情，都在同里河水中不停地流淌。但我最终发现，我讲不清楚，因为她们绝对不是同里的全部。所以，同里是难以用语言来叙述的，只有亲身体验，你才能有真正的感受。来吧，同里绝不会让你失望！

　　在我试图读解同里的过程中，我得到了多方的指导和帮助：同里旅游发展总公司办公室三任沈明先生、副主任张明华先生为我在同里的寻访提供了方便，并奉献了大量的图文资料，尤其是总公司主办摄影大赛的作品为本书增色良多（均著有作者名）；静思园的副总经理徐建先生和解根生老师则给我提供了该园的图文资料；吴江市政协文史工作委员会主任薛群峰先生为我提供了同里文史资料；苏州大学社会学院的王卫平院长、魏向东教授则在全书的筹划和写作过程中多次耳提面命，我表示深深的感谢！

杨华兴